教員養成のためのテキストシリーズ

5 青年期の課題と支援

村瀬嘉代子・三浦香苗・近藤邦夫・西林克彦 編

新曜社

はじめに

　日本は今，重大な転機を迎えています。経済的困難もさることながら，教育もまた，変化する時代のなかでさまざまな困難に直面しています。青少年の学力の低下や創造性の欠如がつとに指摘され，現在の学校の教育機能に疑問の声があがっています。増大する一方の不登校，いじめやいじめを苦にしての自殺，崩壊する学級，歯止めがないかに見える暴力からは，学ぶことに喜びを見いだせず，将来について希望をもつことのできなくなっている子どもたちの叫びが聞こえてきます。

　私たちは大学にあって未来の教師となる学生の教育に関わるものとしての立場から，教職教育のあり方を真剣に問い直さなければならないと考えます。今日の教育が抱える困難を第一線に立って受け止め，変革していくのは，教師だからです。教師となるためには，どのような資質と技量，知識が必要なのかを，明確にする努力をさらに進めなければなりません。

　新教育職員免許法に対応したカリキュラムが全面的にスタートします。私たちはそうした変化に対応しながら，学ぶ，教えるという教育の実際的な活動のなかで，教育心理学，臨床心理学に何ができるのか，その幅広い研究のなかから何を伝えるべきなのか，何度も議論を重ねました。そして，心理学以外の領域からも多くの先生方にご協力をいただき，より広い視野から教師の仕事をとらえるよう努めました。

　本シリーズが，これから教師を志す学生にとって，教師という仕事の喜びと大きな影響力を考える機会となれば幸せです。

　２０００年１月

村瀬嘉代子　三浦香苗
近藤邦夫　　西林克彦

第5巻　青年期の課題と支援

　この「第5巻　青年期の課題と支援」は，新しい「教職に関する科目」のうち，「生徒指導，教育相談，進路指導等に関する科目」（4単位）に該当します。中学生・高校生たちが学校・家庭・社会のなかでどのような問題にぶつかっているのかを多面的に見ていきます。青年期の子どもたちは，学校以外にも自分の存在する場所をもち始め，そこでの問題も重要性を増してくることを考慮して，教師としての支援の方法を考えます。

　なお，本シリーズ4巻では，5巻とほぼ同じ構成のもとで，小学生を対象としています。

　1部「中学生・高校生という時期」では，中学生・高校生の時期が生涯のなかでどのように位置づけられるのかをふまえたうえで，この時期における発達課題について考えます。

　2部「青年の成長と環境」では，青年期におけるアイデンティティの確立をめぐる問題が中心となります。青年にとって家族よりも友人関係が重要な位置を占めるようになり，行動範囲も広くなって青年を取り巻く環境は大きく変わります。その過程で，彼らが新たな自分を見いだし，家族がもつ文化とは異なる青年独自の文化を築いていくすがたをとらえます。

　3部「成長の節目としての危機」では，性の成熟が進み，他者とより深く関わりながら大人になっていく過程で直面する課題に焦点を合わせます。さらに，さまざまな問題行動をどのようにとらえたらよいのかについて考え，青年理解の視点を養います。

　4部「青年の成長と変容への支援」では，青年に対する教師ならではの理解・援助，学級集団のもつ力について考えるとともに，カウンセラーなどの専門家や外部機関についての理解も深め，協力体制について学びます。さらに青年を支援するためのカウンセリングの基本的な考え方と方法を学び，青年にとっての教師の役割とは何かを考えます。

目　次

はじめに　i
第5巻　青年期の課題と支援　ii

1 部　中学生・高校生という時期

1　中学生という時期　　2

1. 中学生の発達課題と心の状態
2. 中学校生活への適応
3. 対人関係の変化
4. 大人になること
5. 新しい親子関係
6. 進路選択
7. 中学生という時期——閉鎖的な状況のなかの子どもたち

2　高校生という時期　　8

1. 高校時代の発達課題
2. 高校生の意識
3. 友人関係・異性関係
4. 社会との接触の増加
5. 高校制度に関連する諸問題
6. 高校での進路選択・職業選択
7. 高校生という時期

3　青年期の発達の特徴　　14

1. 青年期の区分
2. 青年期前半（思春期）の困難さ
3. 身体的成熟と精神的・社会的未熟
4. 視野の広がり——自分へのまなざし，内界の獲得・先が見えるということ

　　　　5．対人関係の発達
　　　　6．ボーダーレスの時代のなかで

2部　青年の成長と環境

4　友人と家族　　　　　　　　　　　　　　　22

　　　　1．思春期・青年期の子どもをもつ家族
　　　　2．親からの独立
　　　　3．友人関係の発展①——親友を希求すること
　　　　4．友人関係の発展②——対等な関係をめざして

5　青年を取り巻く環境　　　　　　　　　　　28

　　　　1．青年と学校
　　　　2．学校外教育機関
　　　　3．青年の行動範囲の広がり

6　自分さがしと学習活動　　　　　　　　　　34

　　　　1．自己構成活動としての自分探し
　　　　2．自分探し・づくりを支える要因
　　　　3．学校教育のなかで
　　　　4．学校外の社会的活動
　　　　5．自分探し・づくりのための特別な指導

7　青年文化　　　　　　　　　　　　　　　　40

　　　　1．青年文化の特徴
　　　　2．青年の作り出す流行
　　　　3．異文化接触
　　　　4．青年の価値意識と行動様式

3部　成長の節目としての危機

8　性同一性　　48
1. 性的成熟
2. 性役割の獲得
3. 大人になることへの危機と障害

9　「自分」「他者」との出会い　　54
1. 自我体験
2. 客体的自己評価
3. 他者認知
4. 価値の発見
5. 進路選択

10　大人になるということ　　60
1. 大人とは
2. 大人になるために
3. 大人であるために

11　「問題行動」を通して青年が訴えるものⅠ　　66
――反社会的行動
1. 事例から
2. 子どもの「本当の姿」とは
3. 「問題児」という眼差しが作るもの――自身の眼差しを疑うこと
4. 連携について
5. 子どもの側から見た教師
6. 援助の指針

12　「問題行動」を通して青年が訴えるものⅡ　　72
――非社会的行動
1. 不登校・引きこもり
2. 不登校の類型
3. 不登校の理解

4. 不登校の援助

4部　青年の成長と変容への支援

13　教師とカウンセラーの違い　　82

1. 目標の違い
2. 手段の違い
3. 評価の仕方の違い
4. 生徒の立場から見た授業とカウンセリング
5. 教師とカウンセラーの連携

14　理解する教師　　88

1. 伝え合う人間関係
2. 言外のメッセージ
3. 「苦手な生徒」から学ぶ
4. 場面で生じていることを写し出す力

15　学級集団の力　　94

1. 学級とは何か
2. 学級集団の凝集性
3. 学級集団の構造
4. 動機づけを高める
5. 学級集団を動かす
6. まとめ

16　学校内での支援体制　　100

1. 学校教育における校内支援態勢の重要性
2. 組織としての日常的生徒理解
3. 作戦会議の重要性
4. 校内資源の活用
5. 作戦会議の実際
6. まとめ

17　外部機関との連携　　　108

1. 外部関係機関の知識
2. 外部機関との連携にあたっての留意点
3. おわりに

18　成長・変容を支えるさまざまな心理技法Ⅰ　　　114
　　　──心理的援助の基盤と来談者中心カウンセリング

1. カウンセリングと心理療法の基本的考え方と技法
2. カウンセリングの共通の基盤
3. 来談者中心カウンセリング

19　成長・変容を支えるさまざまな心理技法Ⅱ　　　120
　　　──行動療法およびカウンセリングの教育への応用

1. 行動療法
2. 行動療法的な観点からの問題解決への支援
3. 心理教育
4. 家族への支援

20　青年にとって魅力ある教師　　　126

1. 子どもからみた教師
2. 挫折体験をもつ子どもたちの言葉から
3. 生きる希望，生きる喜び
4. あるエピソードから

さらに学ぶために──参考文献　133
引用・参考文献　137
索引　143
執筆者紹介　149
編者紹介　150

装幀──加藤光太郎

1部
中学生・高校生という時期

1 中学生という時期
2 高校生という時期
3 青年期の発達の特徴

1 中学生という時期

　1997年に関東近県の中学生を対象として行われた調査（ベネッセ教育研究所，1998）によると，「疲れやすい」と答えた生徒が59.6％（4段階評定で「いつもそう」「わりとそう」と回答した割合。以下同），「集中できない」55.5％，「頭がボーっとしている」50.0％であった。大人や社会の期待する「興味・関心の幅が広がり，活動的な中学生」に反して，多くの中学生が身体的不調を感じている。また学年の上昇にともなって，この傾向が強くなる。
　どのようなことがらが，中学生の生活を多忙で疲れやすいものにしているのだろうか。

1. 中学生の発達課題と心の状態

　はじめに中学生という時期の特質を考えてみよう。
　中学生時代は，心身の発達が著しい時期である。身体面の発達では，精通や初潮といった第二次性徴が出現し，これまでとは違った身体感覚や性的成熟を受け入れていくことが求められる。また精神面では，身体的変化や社会的な状況の変化などにより，大人になっていく自分を実感し，自分らしさや主体性をもった自分という存在について考える時期でもある。いわば大人としての自分を作り上げていく準備段階が中学生の時期である。
　これらの身体面・精神面での発達は，両者がバランスよく行われていくことが理想であるが，近年では，発達加速現象と呼ばれる発達の前傾傾向により，小学校中学年あたりから第二次性徴が現れる子どもも増えている。この場合，自分の身体的な変化を受け入れるのに十分な精神的な発達がなされていないことも多く，身体や性に対する変化や関心とそれを受け入れる精神的発達とのバランスの悪さが不安や混乱を生じさせることもある。
　これらの課題に加え，中学生には，後に述べる対人関係や受験など多くのことがらにも，短かい期間で対応が迫られる。当然，そこには不安や混乱，葛藤などが生じ，

それを支えるために親や教師が援助をしようと試みるが，この子どもたちと関わることは決して容易ではない。

　筆者の教育相談の経験からも，中学生の時期の子どもたちは，自分自身の内面を大人に知られたくないという気持ちが非常に強く，なかなか本心を話してくれないことが多い。友だちには話せても，教師や親，あるいはカウンセラーといった大人には話せない「秘密」をもつのがこの時期の子どもたちの特徴でもある。また，彼等の心のなかにある不安や混乱を，彼等自身もよくわからないということもあるようである。もちろん性の悩みなどは友人にもなかなか相談できないことも多い。自分の感情を的確な言葉で表現しにくいということもあるであろうが，中学生たちの多くは，不安や混乱が複雑に交錯し，その程度も強いため，なかなか自分の気持ちを自分で理解することも難しいようだ。当人たちにしてみれば，「何となくイライラする」「何となく不安」といった漠然とした感情としてしか理解しがたい。相談に来ているので「何か困ったことがあるの？」と尋ねても「別に……」となかなか核心にはふれず，日々の生活や友だちとの関係などを話し続ける子どもも少なくない。

　中学生はこの時期のさまざま課題に対し，不安や葛藤を抱えながらも，本人自身がそれらを十分に理解できず，また大人や友人にも援助を求めることが難しいという非常に不安定で，孤独な時期でもある。

2．中学校生活への適応

　中学校に入学すると，まずはじめに中学校という新たな環境に慣れることが求められる。中学校の環境は小学校の環境といくつかの大きな違いがある。小学校までの学級担任制から教科担任制へ，制服の着用等の規則の強化，中間・期末試験による学業成績の評価，部活動などを通じての先輩－後輩関係などが大きな変化である。学習面では英語が新たな教科として加わり，従来からの教科も算数が数学になるように今までより難しくなる。中学生は入学後，すみやかにこれらの多様な環境の変化に適応しなければならない。

　岡安らは，中学生が日常的に経験し，嫌悪的であるできごとを収集し，そこから学校ストレッサー尺度を作成している（岡安・島田・丹羽・森・矢富，1992）。それによると中学生は学校生活において「教師との関係」「友人関係」「部活動」「学業」「規則」「委員活動」の6つの側面においてストレスを感じることが示されている。これらのストレッサーは思春期・青年期初期の発達課題（本シリーズ2巻参照）と密接に関連しており，それぞれ一朝一夕に克服できるものではない。中学生時代全体を費や

し，またさまざまな機会を通して，修得したり，克服したりしていく必要があるものばかりである。ゆえに，これらのストレスはむしろ必然的なものと考えられ，ストレッサーをなくすことよりも，中学生がそれらをどのように受け止めていくか，またどのように乗り越えていくかを考えることが必要である。

3．対人関係の変化

中学生になると，さまざまな対人関係の変化を経験する。これらの対人関係は，主体性をもった自己の存在を確かなものにし，また，そのような自己が他者とどのような関係をもつかということに影響を及ぼす。

⑴　友人関係

この時期の子どもたちは，非常に親密な関係を求めることが特徴である。これまでのような「同じクラスだから」「家が近所だから」といった条件での友人選択から，「考え方が似ている」「自分の気持ちをわかってくれる」というような友人とのつきあいを求めるようになる。親や教師の保護や管理から抜け出そうとする試みには大きな不安や感情の混乱をともなうが，それを支えるものとして親密な友人関係や仲間集団が必要である。そのような対人関係のなかで安心感を得たり，自分を客観的に見つめるようになるのである。その反面，集団に帰属することが最重要課題となるために，仲間はずれやいじめなどの問題が生じてくる場合がある。

⑵　異性関係

対人関係の変化のなかには，異性との関係も含まれてくる。児童期までに「男らしさ」「女らしさ」といった性役割を，ある程度身につけてはいるが，それは親や社会が期待するものであり，自分の身体的変化から生じる具体的な感覚ではなかった。それが第二次性徴を経験することにより，自分の性および異性を実感として意識するようになる。この時期の男女交際は，相手を思いやる気持ちを育てたり，自分の性や相手の性を受け入れ，大人としての性役割の獲得を促進する。

しかしながら現代では，テレビや雑誌，インターネットなどの多くのメディアから，性に関する情報が非常に多く流されている。十分に性に対する知識や倫理観をもたないまま，好奇心や金銭を目的として性的経験に向かう子どもも現れている。

4. 大人になること

　中学生として期待される行動も，それまでとはまったく異なるものになる。交通機関の料金を見てもわかるように，中学生になると大人として扱われることが多くなる。このような制度面での大人扱いだけではなく，大人としての自覚ある行動も期待される。自分のことは自分でするようにうながされたり，責任のある行動や社会規範などへの遵守も期待される。子ども自身も，自我の芽生えとともに，自分でできる，親の言うことを聞くのはおかしい，などと一個人としての自覚をもつようになる。

　かといって，すべてが子どもたちの判断にまかされるかというと，必ずしもそうではない。子どもたちにしてみると，大人扱いされたり，子どもとして扱われたりという中途半端な状態である。これらのことが子どもの自立心と社会との間に軋轢(あつれき)を生じさせることもあり，親や教師とぶつかることもある。中学生は，社会的にも精神的にも大人と子どもの中間に位置する非常に不安定な状態である。

5. 新しい親子関係

　主体性に目覚めた中学生は，それまでは頼りにし，またその言うことに従ってきた親や教師を客観的に見つめ，その欠点や矛盾を嫌悪し，大人の権威に対して反抗したり，拒否的になったりする。さまざまなものごとを自分で決めたり判断したりする力がつくに従い，親からの干渉や管理が非常にわずらわしく感じられるのも，この時期の特徴である。

　親子関係については「依存と独立との葛藤」がこの時期のテーマといえるだろう。ここでいう独立は経済的な独立ではなく，主として精神面での独立である。親離れといってもよい。この時期の子どもたちは「自分の考えでやっていく自信がある」「親から独立したい」という欲求はもちながら，一方で親から精神的に独立することに不安を感じている。親子関係を疎遠にしたり，親に反抗したりする試みを通して，また，友人関係などのなかに家族外の自分の居場所を見つけることなどを通して，新しい大人どうしの親子関係が築かれていくのである。

　この依存と独立との葛藤には，親のあり方が大きな影響を与える。子どもの独立心が強くなってきているのに，親がそれを認めなければ，反抗的・拒否的な態度が強くなったりする。逆に，子どもの依存心を満たすだけでは，独立心が縮小し，親離れをしにくくする。現代社会は核家族化や少子化により親子関係が非常に密になり，窮屈

になっているといった指摘もある。子どもの成長にともない，親のあり方や親子関係も変化していく必要があり，親自身にも柔軟性や変化が求められることである。

6. 進路選択

　中学生期の大きな課題として進路の選択がある。義務教育は中学校までで終了し，中学卒業後は，自分で将来を考えて，進学や就職といった進路を選択しなければならない。進路を選択するということは，自分の適性や能力を理解し，今後の自分の人生をどのように過ごすかということを考える機会を提供することにもなる。しかし中学生にとっては，進路の選択は頭を悩ます大きな問題である。

(1) 進路選択の幅の狭さ

　現代の中学生では，高校進学が最も多い進路である。高校進学率は96%を超えており，ほとんどすべての生徒が高校に進学している。これには，さらに高い知識や技術を身につけるという高等学校の本来の意義の他に，「高校くらい出ていないと……」という風潮や中学を卒業してすぐに就業する機会の減少といったことが影響を及ぼしている。

　十数年前，筆者が中学校を卒業した頃は，卒業と同時に仕事に就く者もいた。「技術を身につけたいから」「勉強が嫌いだから」「家庭の事情」などさまざまな理由はあったが，そこに自分の将来について考える機会が与えられていた。またそれが許される時代でもあった。しかしながら，現在のように高校進学が当たり前といった風潮では，高校に入ることが義務的になり，中学校はそのための単なる過渡期でしかなくなってしまったように思われる。このような状況を，西平は受験を皆が経験する通過儀礼として位置づけ，「競争しない自由」のなさが苦しさを生じさせると指摘している（西平，1995）。

(2) 高校受験

　高校進学という進路を決定しても，中学生には大きな負担がかかる。自分自身で進学先を決定しなければならないことや受験に向けて学習量が増えること，学力の相対評価という方法で他者と比較をされることなどは中学生にとって負担や不安を生じさせる状況である。また現在の入試制度のなかでは，行きたい学校より受かる学校に行かざるをえない場合も少なくない。現在の中学生は，中学校に入学したときから有形無形の圧力により，受験に目標づけられた生活を強いられているといっても過言では

ないだろう。

7. 中学生という時期——閉塞的な状況のなかの子どもたち

　以上に見てきたように，この時期の子どもたちは日常生活の忙しさのなかで自分の身体的・精神的な変化と社会の枠組みとの間をうまく調整しなければならない状況に置かれている。子どもたちにとって中学校は，自分のなかから生じる「〜したい」世界と学校や社会の「〜しなければならない」「〜であるべきである」世界との対立のなかを生きているわけである。もちろん，学校生活での学習・友人関係・部活動などのさまざまな経験は，子どもたちの「〜したい」という世界を豊かに膨らませ，主体性をもった自己の形成や社会に適応していく技術を身につけていくことにも大きく貢献している。ところが，自分のなかから突き上げてくるさまざまな衝動や欲求とそれを型にはめようとする現実が激しくぶつかると，子どもたちはある種の閉塞状態に陥ってしまうように思われる。子どもたちと学校・社会との軋轢ばかりではなく，子どもたちどうしの軋轢もこれに拍車をかける。この閉塞状態で方向性を失った子どもたちの「自分らしく生きようとする力」が，いじめや不登校，キレるといったさまざまな問題行動として表現されているのではないだろうか。

　身近な中学生の生活を見てほしい。小学生や高校生と比べて，学習や規則，日常生活などについて中学生が一番ゆとりのない厳しい状況に置かれているのがわかるだろう。思春期・青年期前期の発達課題を克服・達成するためには，十分な時間とさまざまな経験が必要である。中学校生活において，これらの時間や経験が十分に保障される必要がある。この問題への対応として，現在，受験に縛られずに中学・高校の6年間をかけて，その時期の発達課題や学習に取り組もうとする中高一貫教育等の制度的変革が模索されている。中学生期の子どもたちに十分な時間と経験を提供するために，さまざまな制度的改革や教育内容の改善が必要となるだろう。

　これまで述べてきたように中学生は大人と子どもの間の不安定な時期であり，成長のためのさまざまな援助を必要としている。しかしながら，現代の核家族化や他人に対する無関心な風潮は，中学生を孤立化させてしまう危険性をはらんでいる。幸いなことに，中学校は地域を基盤として成立しているので，中学生の時期には，家庭・学校・地域が協力して関わることが可能であり，かつその影響力は大きい。今後，保護者や教員ばかりでなく，地域に住む大人たちが中学生の成長に関与していけるような体制を構築していく必要があるだろう。

2 高校生という時期

　高校生時代は，自己と社会との関係のとり方を模索する時期である。多くの子どもたちは，中学生時代に自己の主体性に目覚め，身体的な成熟を受け入れ，友人関係や親，教師との新しい関係を確立し，受験を機に今後の自分のあり方を模索するといった思春期・青年期前期の発達課題に取り組んできているが，高校時代はこれらの課題が深さと広がりを見せ，より現実的な場面での課題達成を試行する期間となる。

　一方で，自己と他者や社会との関係がうまくとれず，非社会的な問題行動が生じたり，親や周囲の大人の規制や管理がゆるくなり，社会からさまざまな刺激を受ける時期でもあるので，そこから反社会的な問題行動を生み出す場合もある。

1. 高校時代の発達課題

　高校生活に目を向けてみよう。彼らは高校での学習や友人関係などのさまざまな経験を通して，社会に参加する準備をしている。たとえば，社会に参加するために，自分の適性や興味・関心を明確にすることも，その一つである。高校では，理系と文系といった分け方で，自分の適性にあった教育カリキュラムを選択できる学校も少なくない。高校入学の段階で，商業科，工業科等の専門性をもった高校に入学することも，自分の適性や興味・関心を判断する機会となっている。近年では，いくつかの大学で，学力だけではなく「高校時代に何をしてきたか」を問うような自己推薦制度（AO入試など）が実施され，それぞれの個人の適性や自主的な活動が評価されるようになり，自分の適性や関心を発見する動きをサポートしている。

　高校での学習は，自分の適性や興味を明確にするばかりでなく，社会を見る眼を養うことにもなる。高校での学習では，論理的・抽象的思考の比率が増加し，より広く専門的な視点から社会や自然科学，人間関係などを考える素地を作る役割を果たす。

　また，友人関係も生徒の成長に大きな影響を与える。中学生の頃は，芽生えたばかりの自己を確固としたものにしたり，家族外での居場所としての友人関係を求めてきたが，高校生ではその傾向がさらに深化し，互いに自分の内面をさらけ出し，共感・

許容しあうことで，主体性・独自性の感覚を確かなものにする。また，将来に対する不安や展望を語りあうことで，これからの社会と自分との関係や社会に対する価値観を作り上げることや社会との関わりのなかで感じる孤独感・無力感を癒すことに役立つ。

　高校時代はさまざまな経験を通して，これまでの親や社会に保護された存在から，一個の存在として主体性をもち，それと同時に自己責任を負うことを経験し，これからの社会生活の基礎となる自分を作っていく時期である。

2. 高校生の意識

　現代の高校生はこの時期をどのような気分で生活をしているのだろうか。1996年に総務庁が行った青年を対象とした調査によると，高校生年齢にあたる15〜17歳の男子は83.0％，女子では90.0％がいまの生活に「満足である」と回答している（「まあ満足」と「満足」と回答した割合）（総務庁，1996）。また，人の暮らし方について自分の考えに近いものを尋ねたところ，男子では「その日その日を楽しく暮らしたい」が第1位（26.4％），「自分の趣味を大切にしていきたい」が第2位（22.0％）であった。女子では「身近な人との愛情を大事にしていきたい」（30.0％），「その日その日を楽しく暮らしたい」（29.3％）が第1位，第2位であった。このように現代の高校生（高校生に限らず若者全体が）は，比較的毎日の生活に満足しており，自分とその周辺のことがらを重要と考えている。

　また，1996年に行われた高校生の社会に対する意識調査から「傍観する」高校生像が浮かび上がっている（ベネッセ教育研究所，1998）。この調査で明らかになった高校生像は，テレビを見ているように社会の動きを傍観し，決して無関心なわけではなく，それなりの感想はもっているが，その感想を越えて自分なりの判断をもったり行動に移すことがない。調査を行った深谷らは，彼らには社会についての発言を求められる機会がなく，敷いてくれたレールに乗っていればよかったので，社会と自分との関係をつきつめて考える必要がなかったことがこのような状況と関連していると考察している。

　このように社会と距離をとり，自分中心にこぢんまりとまとまってしまう高校生像を別の観点から考えてみよう。

3. 友人関係・異性関係

　高校時代の友人関係は，自我の芽生えにともない，親友と呼べる親密な友人関係や，

社会との接点のなかで，多種多様な価値観，人生観などにふれ，自分という存在の意味を確かめようとしたり，自分らしさを求めるといったことに役立つものといわれてきた。しかし，現代の高校生の対人関係は，様相が変化してきているように思われる。

　現代の高校生の友人関係では，ポケベルや携帯電話が必需品になっている。ポケベルや携帯電話は，どこにいてもすぐに話が伝わるという面では非常に便利である。こうした情報機器を利用した新しい対人関係が出現している。たとえば，携帯電話のメール機能を利用して会話を交わすだけの友人関係がある。相手がどんな人間かもわからず，会話だけの友人関係である。これは高校生だけではなく，インターネット上だけのつきあいなどは社会全体に見られる傾向である。このような対人関係は，直接的に相手と関わることのわずらわしさや軋轢を避け，非常に表面的な関係，すなわち互いに本当の自分をさらけ出さないつきあいと考えられる。現代の高校生の対人関係では，自分を見つめ直したり，自分の存在を確かなものにする親密な関係よりも，対人関係のわずらわしさや葛藤を回避できる，さらっとした軽い関係が求められるようになっている。これには現代の高校生が，情報化，核家族化などの影響を受け，直接的な対人的経験が減少し，小さい頃からテレビゲームやビデオなどで育った世代であることなどが影響しているように思われる。

　異性関係については，現代では中学生のときから男女交際や性的な体験を経験する子どもも多いが，高校生になってそれらの経験が本格的になる。1996年の東京都の調査では，いままでに交際した経験のある中学生男子は16.1%，中学生女子は21.5%であった（東京都，1996）。これが高校生になると男子で44.7%，女子で47.6%となる。また，1998年に東京都立高校生を対象に調査した結果によると，高校3年生の性交経験率は，男子で38%，女子で39%に達する（厚生省，1999）。「子どもには，まだ早い」と言っていられる数字ではない。1995年に静岡県の高校生を対象に行われた調査では，セックスを経験した理由は，第1位「相手が好きだから（42.4%）」，第2位「何となく（18.0%）」，第3位「興味がある（15.8%）」と軽い気持ちで性交渉を行っていることがわかる（静岡県厚生保育専門学校，1995）。身体的な成熟や思春期の性的欲求の現れに加え，性に関する情報の蔓延などから，容易に性的関係をもつ傾向が強くなっているのだろう。これらの男女交際や性交渉は，新しい家族を作るためや，自分と相手との関係を真剣に考えるための交際や性交渉ではなく，遊びやコミュニケーション感覚で，あるいは寂しさを癒すため，自分の存在価値を見いだすためのものになっているのではないだろうか。

4. 社会との接触の増加

　高校生になると社会と接触する機会が増大する。中学生の間は，中学校が地域を基礎として組織されていることからも，比較的近隣の慣れ親しんだ地域が活動範囲であった。しかし高校は広い範囲から生徒が通学してくる。それまでの近隣を中心とした活動から，電車・バスなどの交通機関を利用した活動へと行動範囲が格段に広がる。繁華街への寄り道やアルバイトなど，より広い社会と接触しさまざまな社会的経験を積み，社会を見る眼を養うことになる。これらのことは自分たちの置かれている社会，あるいは，今後自分たちがそこに参加していく社会の実態を高校生が認識することを促進する。さらに，このことは自己と社会との関わり，具体的には職業や進路の選択などとして自己を見つめ直す機会を提供する。

　しかし，社会との接触は高校生にそれまでの生活とは違った刺激的な知識や経験をもたらすことにもなる。高校生がそれらに翻弄されてしまう危険性がある。社会と接するためには自己責任や自己規制が求められるが，現代社会の規範意識は希薄であり，当然，子どもにも規範意識や責任感が十分に身についていない場合が多くなる。非行やシンナーなどの薬物乱用，援助交際などの問題行動もこのことと無関係ではないだろう。

5. 高校制度に関連する諸問題

(1) 高校の序列化

　愛知県高校教職員組合の調査によると，本来行きたい高校とは別の高校に入学した生徒が50％に達している（愛知県高校教職員組合，1998）。このような不本意入学は，高校生活を味気ないものにし，怠学や高校中退へと至ることも少なくない。これには，偏差値による高校のランクづけ，すなわち「高校の序列化」が強く影響を及ぼしている。ランクが下の高校に入学した生徒は，どのように感じるだろうか。学力という基準において「落ちこぼれ」という否定的な自己意識をもたざるをえないのではないだろうか。また，地域社会も「あそこの学校は……」と認知する。高校の序列化は，高校生たちの序列化につながっていく危険がある。

(2) 高校中退

　高校中退も現在の高校をめぐる教育的問題の一つである。1998年に発表された文部

省の統計によると1996年度に高校を中退した生徒は高校生全体の約2.5%にものぼる。その理由の第1位は「進路の変更（43.8%）」，第2位が「学校生活・学業への不適応（37.4%）」であった。また同時に発表された1993年に「進路の変更」を理由に高校を中退した生徒の追跡調査では，高校をやめて別の高校や専門学校に入学するというよりは，就職やアルバイトなどをしながら生活しているという場合が多い（読売新聞1998年2月26日付）。先に述べたように，高校生活をどのように過ごすかという意義や目的が不明確なまま，「高校ぐらいは出ていないと……」「みんなが行くから……」といった風潮に流されて高校に行くという実状が高校中退者の増加に大きな影響を与えていると考えられる。

　また，中退の理由にある「学校生活・学業への不適応」には不登校になった生徒も含まれる。この時期は，自分という存在の揺らぎや，自分のなかから湧き出る衝動と社会による規制との間の軋轢などにより不安定な状態になり，不登校状態に陥ってしまうことも少なくない。また中学生時代に不登校の経験がある生徒が，高校進学を機に学校へ通い始めるが，再び不登校になってしまう場合もある。高校の場合，不登校になると出席日数の不足や単位の未取得により，留年になることがほとんどである。留年しても登校できる状態にならなかったり，もう一度，同じ学年を繰り返すことに抵抗が感じられると，中退を余儀なくされる。高校では不登校になると，非常に性急に結果を迫られるのである。高校中退の問題を考える際には，このような現状も考慮に入れる必要がある。

6. 高校での進路選択・職業指導

　現代では高校卒業者の3分の2以上が大学，短期大学，専門学校等に進学している。
　この背景には学歴偏重主義，少子化により進学が容易になっていること，高校卒業者の求人の減少などの社会的な要因が影響を及ぼしていると考えられる。
　進学をせずに就労する高校生も多いが，現在では定職に就かずアルバイト等で生活をする「フリーター」も高校卒業後の進路の選択肢の一つとなっている。高校生の育ってきた時代および現在が，物質的に豊かな時代であるため，定職につかずとも，アルバイトなどでそこそこの収入が得られる。また家庭も比較的裕福なので，子どもたちが家計を援助する働き手となる必要もないといった社会的な条件がこれらの現象を助長している。それが社会的に承認されていることであれば，高校生にとっては一つの選択肢として，就労や進路の決定を先送りにし，とりあえず高校は卒業しフリーターをしながら自分に合った職業を探していけばよいと考えても不思議ではない。高

校時代に自分の適性や興味に関心を向け，進路や職業を選択することが難しい，むしろ，その必要がないといったほうがよいかもしれない。「職業の決定」が青年から成人への移行の一つの指標とすれば，青年期の終わりが遅延している（モラトリアムの延長）と考えられ，自分の行動や職業に責任をもつ社会的な存在になることが先送りにされているといえるだろう。

　このような就業の先送りが必ずしも悪いことだとはいえないが，多くの高校生は（あるいは大人も含むかもしれない）仕事をつらく，大変なこと，かったるいことだと考えているのではないだろうか。そのような側面は確かにあるが，反対にやりがいや充実感なども得られるものである。将来，何になりたいか，どのような人生を送りたいか，自分にはどのような職業が向いているかといったキャリア・エデュケーションを教育現場のなかで充実させることが必要であろう。

7. 高校生という時期

　高校生の発達やそれを取り巻く環境なども含めて，現代の高校生の概観を述べてきた。現代の高校生の社会との微妙な距離のとり方が浮かび上がってくるだろう。生産することや労働することよりも，消費することを中心に生活してきた高校生にとっては，現代社会は消費することでしか充実感が得られなくなってしまっているのではないだろうか。目標のもてない高校生活，中学時代から序列化され，将来が予見されてしまうような将来への希望のなさや，物質的には満たされた生活のなかで，自分の人生の目標や居場所をどこにおいてよいのかわからなくなっていることと無関係ではないだろう。将来に対し夢や希望をもち，その実現のために進路を選択し，それに向かって努力することに対する一種の投げやりな態度，あきらめといった様相にも見える。

　しかし，ここで注意しなければならないのは，高校生の意識や考え方，生活・行動様式などが非常に多岐にわたっているということである。茶髪にピアスの高校生や社会に対して斜に構えている，あるいはすでにあきらめている高校生ばかりではなく，勉学や部活動に打ち込み，楽しく学校生活を送っている高校生や，自分自身のことや将来について悩んでいる高校生もたくさんいるのである。この多様性は，社会の価値観の多様化の影響を受けていると考えられると同時に，高校生の一人ひとりが主体性をもった存在として，自分を主張し，自分のあり方や将来を考えている姿の表れといえるであろう。高校生活は，まさに一人の人間としてこれから社会に出ていく素地となる時期である。高校時代は，一人ひとりの適性や興味，将来展望などに合わせた教育的関わりが最も必要な時期といえるのではないだろうか。

3 青年期の発達の特徴

1. 青年期の区分

　一般に発達段階を明確に区切ることはきわめて困難であるが，青年期は児童期（子ども）から成人期（大人）に至るまでの移行期間として位置づけられる。その端緒は，いわゆる第二次性徴の発現にともなう身体的な変化であり，身体つきが急激に大きくなるとともに，精通・初潮に代表される性的な変化が身体に現れ，もはや子どものままではいられないことが自他にはっきりと認識されるようになる。しかしこれらの変化は個人差が大きく，小学校の高学年で始まる者もいれば，ようやく中学校の後半以降に経験する者もある。また一般に男女差が顕著で，女子のほうが早く第二次性徴を経験する傾向にある。一方，身体面での変化が一区切りつけば大人になったといえるかといえば決してそうではない。身体は一人前でも，心の発達や社会的な位置づけから見れば，高校生や大学生を一人前の大人と見なすことは現在ではほとんどないだろう。

　もともと青年期は，時代的変化の所産であり，身体労働が中心を占めていた時代においては，身体的な成熟がそのまま成人としての地位の獲得を意味していた。しかし今日のように，習得すべき知識や技量があまりにも莫大にあり，かつ，自分に適した生き方や進路を見定めることが容易ではない時代においては，大人になることがきわめて困難になっている。そのため青年期は心理社会的モラトリアムの時期として，自立した個人となるためにさまざまな役割実験を行うことが許されているのだと考えることもできよう。このような模索のなかでアイデンティティの確立を果たしていくのだと考えられる。つまり，時間的な流れのなかで，そして社会的なつながりのなかで「こんなふうに生きてきた自分が，こういう自分で生きていくんだ」と主体的に確信できる感覚を確立することである。

　青年期という発達段階について，専門家の間ではさらに細かく下位分類を行い，前期・中期・後期に分け，さらにその前後に前青年期と後青年期（若い成人期）を設ける場合もある。しかし一般には，身体的・生理的な側面に大きく基因する青年期前半（思春期）と，心理的・社会的なテーマが大きな位置づけを占める青年期後半に分け

て考えることが理解しやすいだろう。前者はおおよそ小学5～6年から中学校・高校段階にあたり，後者は大学～20代にあたると考えられる。本書の趣旨から，主に前者に焦点を当てていくことになるが，その際には，個人差，性差，教育システム，社会状況といった諸点に着目してこの年代の諸相を考慮してみたい。

2. 青年期前半（思春期）の困難さ

　思春期の子どもたちを「むずかしい年頃」と表現することがよくある。この年代に関わる者にとって，そして子どもたち自身にとって，そのむずかしさがどこにあるのかを，まず村瀬（1995）に沿いつつ4つの観点から考えてみよう。

⑴　個人差が大きいこと

　たとえば中学1年の男子集団をながめてみれば，だぶだぶの学生服に身を包んだ小柄な少年から，見事な体格に髭づらの迫力さえ感じさせる者までじつにさまざまな生徒たちが高さの異なる肩を並べている。彼らは第二次性徴の発現の時期も異なっているため，自分の身体の変化を周囲と比較しつつ，過敏なほどに気にかけている。また，心理的な成長においても，児童期の無邪気さをそのままに表現している子どももいれば，どこか大人びた影を感じさせる者もいる。このような個人差の大きさゆえ，一般的，普遍的な指導法を見いだすことがきわめて困難なことになる。そのため，集団指導を行う際にも，一人ひとりを丁寧に見つめるまなざしが何よりも大切になる。

⑵　内面を大人に知られたくない

　この年代には，同世代の友人どうしのつながりが何よりも大事になってくる時期であり，親や教師に対してはあまり多くを語りたがらなくなる。大人の側から関わろうとしても，どこか斜に構えた視線で，直接的に受け答えしてくれることが少なくなってくる。同世代で秘密を共有すること，さらには友人にさえ語れない秘密を内面にもつことがしばしばある。同様に教師の立場から，あるいは親の立場から関わろうとしても，彼らにとっては大人と関わることが友人どうしの規範からはずれる行為となってしまうため，なかなか本心を明らかにしてくれない。彼らの警戒心や反発心に向かうたびに，接点をどこに求めればよいのか戸惑うこともしばしばである。

⑶　自分の気持ちを理解できない・表現できない

　一方，思春期の子どもたち自身が，自らの心身に生じている変化に戸惑い，自分が

何を感じていて，そしてどうしたいのかを理解できないでいることも多い。あるいは感じているにしても，その感覚を的確に表現する言葉や方法をもたないこともある。彼らの発する言葉が（たとえば「ムカツク」「うざったい」「超…」といった表現のような）端的で挑発的なものになりがちなのは，外界に対してのみならず，自らのなかで正体が明らかにならない感情へのいらだちともいえる。的確な表現方法をもたなければ，表現の過激さといういわば絶対値の大きさで示すより他に手立てがなくなってしまうからである。このような情動の不安定さ，激しさは思春期の特徴ともいえ，自分の内部で生じていることをうまく言語化するなり表現する術をいかにもつか，あるいはこういった感情の動揺しやすさに対する耐性をいかに育てていくかが大切なことになってくる。

(4) 心理的な変化の速さが顕著・急激

　もう一つの特徴は，思春期における変化が突然，短期間のうちに進行することである。たとえば，それまでは素直で「いい子」と言われていた子どもが夏休みを境に突然のように（大人から見ると）反抗的になり，服装・表情までも変わってしまうことがあったり，あるいは内にこもりがちになり，人と接するのを避けるようになる，といったことが生じる。そのため，この年代の子どもたちと関わる者は，常にきめ細かなまなざしを向けていく必要がある。わずかな期間の間に量的・質的な変化が生じうるのであり，「この生徒はこういう子だ」というような固定的な見方に捕われすぎないことである。また他者からある一つのイメージで固められることを嫌うことも多い。

3．身体的成熟と精神的・社会的未熟

　1で記したように，思春期は身体的な成熟で彩られる時期である。体格的には大人に急激に接近し，乗物は大人料金となり，各種遊興施設も少なくとも子ども料金のままではない。そして何よりも，それまでは見上げる存在であった大人たち，特に両親や教師が自分とあまり変わらない大きさになっている，場合によっては自分のほうがずっと大きくなっていたということが生じる。しかし，心理的な成長はこれには十分にともなってはおらず，両親や大人にまだ依存していることは明らかであり，社会的にも学校という教育システムのなかに納まっていることがほとんどであって，いまだ生産者としての位置づけを得ておらず自活するにはほど遠い。このギャップが思春期の子どもたちを大いに戸惑わすことになる。おそらく内的な衝動のままに身体的な力で勝負すれば，両親に打ち勝つことは容易なことであるが，心理的な意味で，あるい

は社会的に親を乗り越えていくためにはまだかなりの道程が必要なのである。これらを含めて一人前の成人をめざしていくことが青年期全体の目的になるといってもよい。

　性的な成熟に関しては，この年代で身体的には十分に生殖機能を保持することにはなるが，心理的にまずこの変容していく身体を受容していくことが必要である。自分の身体に生じている変化が正常かどうか，遅いのか早いのかということはきわめて重大な関心事である。さらに，社会的な性役割として求められるようになる「男らしさ・女らしさ」に対してどのような態度をとるのかも同様である。特に女子では，摂食障害の一因としてもしばしば指摘されるように「女性性の受容」は時間をかけてなされる決して容易ではない課題である。いまだ男性優位と考えられる現状で，生命を産む性を受け入れるということは，心理的・社会的・生物的な各側面を複雑に含み込んだテーマにならざるをえないのである。とかくセンセーショナルなマスコミ情報に晒される現状のなかで，①性にまつわる種々の側面や性の心理的な意味について適切な情報が提供されること，②さらに肯定的同一視の対象，すなわち「このような人になりたい」「こういう道を歩めばいいんだ」というモデルになるような同性の年長者が存在すること，③そして身体の変化や大人になることを肯定的かつ支持的に受け止めてくれる周囲の雰囲気，といったことが精神的・社会的成熟には不可欠である。

4．視野の広がり──自分へのまなざし，内界の獲得・先が見えるということ

　この年代は，認知的な発達という側面からはいわゆる形式的操作が獲得される時期といわれる。すなわち複数の変数を同時に取り扱うことができるようになり，学業の面では各科目の習得内容は児童期（小学校）に比べて格段に複雑なものになる。

　当然このような認知的な発達は，自分の内面にも向かうものとなる。「自分はどういう人間であるのか」という自己像あるいは自己概念といったものが形成されることになる。それはまた他者との比較，あるいは他者との交流を通じてなされていくものでもある。

　同様に，大人の本音と建て前を感じ取るようになり，青年らしい潔癖感から，そのような大人や社会の裏表のある状況に，反抗的な態度を示すことにもつながる。

　また，認知的な発達ゆえに，それまで漠然としたものとして感じられていた自分の将来が次第にくっきりと浮かび上がってくることになる。今の自分の成績・能力・評価から考えて，あるいは両親やきょうだい，友人との比較から，どのレベルの学校に進み，どういった仕事につくことになり，どの程度の経済的・社会的地位を得ることになるのかが，見えてきてしまうことになる。特に学業成績が将来を予見するかのご

とく重視され過ぎているわが国の現状では，多くの子どもたちが将来に明るい展望をもちにくくなってしまっていることは否めない。その閉塞感が子どもたちに息苦しさをもたらしている面があるといわざるをえないだろう。

5. 対人関係の発達

　小学校の高学年頃には，同性の友人による小集団が形成され，遊びや同じ行動をとることでお互いの一体感を確認しあう友人関係が形成される。いたずらをはじめちょっとした反社会的な行為を含むこともあるが，これらは大人の掲げる規範よりも友人集団（ギャング集団と称される）における規範のほうが優先されるがゆえに生じることであり，大人からの自立をうながす作用をもつと考えられる。友人集団はやがて，行動レベルから，お互いに同じ話題を共有することで一体感をもつ友人グループが多くなってくる。これは特に女子において顕著である。またそれらのなかから，二者関係として，お互いの存在が何よりも大切になる親友(チャム chum)が生まれてくることになる。また中学生の頃には，友人関係はじめ種々の人間関係から引き気味になる時期を経験することも少なくない。やがて思春期の後半（高校生頃）には，それまでの同質性をもとにしたつながりとは異なり，お互いの価値観や性格の違いを考慮した，異質性を尊重しつつの友人関係が形成されるようになる。また，広く浅くという関係からどちらかというとやや狭くそして深くという方向に変わっていくとともに，いつも群れているのではなく一人でいる時間も大切になる，といった変化も現れてくる。

　そしてその延長線上に，性という大いなる異質性を尊重しあう異性関係が成立していくことになるのだと考えられる。それだけに，同性の友人関係の各段階をしっかりと経験しておくことは，その時代の心理的安定・成長のためのみならず，そのあとに続く異性関係の確立のためにもきわめて大切である。

　なお異性関係については，まずこれを求める意識・態度が高まり，次いで行動レベルでは徐々に段階をふんで経験を重ねていくことになる。世間的な性意識のあり方とも絡んで，時代の変遷とともにより積極的・開放的になりつつあるが，それでも多くの若者にとってはそう思うにまかせない最大の関心事である。

　一方，親子関係においては，幼少の時代においては万能に近い存在であった両親がじつは欠点や矛盾を少なからず抱えていることに気づき，また，かつてはありがたかった庇護や気遣いが干渉と感じられるようになってくる。そのため自立の兆しとして第二次反抗期が出現することになる。いわゆる心理的離乳を果たしていくことになるのである。しかしやがて思春期から青年期後期に至る頃には，相互に信頼しあう対等

な関係，あるいは，時には親が子どもを頼りにする関係に変容していくことになる。また両親は男性あるいは女性成人の代表的なモデルであり，たとえ干渉を嫌うことが多い時期でも，時に甘えに近い感情を示すことがあり，自立を求める一方で親・大人が見守ってくれるまなざしを求めるという，この世代特有の心の揺らぎに敏感でありたいものである。

6. ボーダーレスの時代のなかで

　経済的な繁栄にともなう栄養状況の改善，あるいは心身の発達をうながす情報や環境が用意されるにつれ，身体的な成長が早まってきていること（発達加速現象）が指摘されている。一方，大人になるために必要な知識・技能・経験がますます増大する状況のなかで，青年がアイデンティティを確立するためにはますます長い時間が必要となり，「青年期の遷延化」も生じている。子どもから大人になるための「境界人」としての時期が前後に長期化していることになるのである。かつては青年期は「疾風怒涛」「危機の時代」と表現されてきた。しかしこのように長期化するにともなって，大人への階段をゆっくりと時間をかけて登れるため危機のニュアンスが減ってきたとする論もある。一方で，長期化は，この時代の発達課題や大人になるための通過儀礼を曖昧にしてしまうという側面も有しており，情報洪水と価値観の多様化のなかで，何が正しいのかが見えにくい状況ともあいまって，子どもたちが自分の位置を確認したり，相対化することが難しくなっているのではないかと思われる。そもそも何を身に付ければ大人といえるのかが見えにくくなってしまっているのである。境界例，スチューデント・アパシー，摂食障害等，思春期・青年期に好発するようになった現代的な状態像は，こういった時代的背景を映している側面がある。

　この時期にある子どもたちと接する人々にとっては，根本的なところで彼らを支えてくれる母性の基盤を確認しつつ，価値観の多様化ゆえ厳然とした父親像が存在しにくい時代ではあるが，いわゆる不退転の壁としての父性の存在が不可欠であるように思われる。

　また教育システムや社会状況がもたらす影響，すなわち学校のクラス編成，塾通い，成績による進学がもたらす友人関係の分断と再編，価値観の多様化のなかでの学業成績重視という変わりがたい価値の一元化，少子化にともなう周囲の関わりの濃密化，といった要因にも配慮していくことが望まれる。

　そのなかで，教師は数少ない貴重な大人のモデルとして，彼らの前に立つのだということを意識しておきたい。

2部
青年の成長と環境

4　友人と家族
5　青年を取り巻く環境
6　自分さがしと学習活動
7　青年文化

4 友人と家族

1. 思春期・青年期の子どもをもつ家族

　家族ライフサイクル（表4.1）の視点から，この時期の家族が抱える問題や発達変化について考察しよう。

　第5ステージの「思春期・青年期の子ども（10代の子ども）のいる時期」に入ると，家族は年長の子どもに対して，あるときは家族から離れる自由を保障し，また別のときには堅固なつながりを再提供して青年の依存欲求に応える。青年は，外の世界に出かけて，友人関係やそこでのできごとにこれまで以上の時間とエネルギーを費やすようになる。その合間にしばしば家族集団に戻り，若者文化の一端を持ち込んで家族に影響を与える。子どもと大人のはざまを生きる世代を家族の一員に抱えていること，その彼（彼女）が家族システムを出たり入ったりする結果，家族と外の世界を隔てる境界が柔軟でゆるいものになることが，この時期の家族の最大の特徴である。

　たとえば，子どもが小さい頃から年に一度，家族旅行を楽しみに計画してきたという家族を想像しよう。中学生になった長女が昔のように旅行を喜ばず，クラブ活動や友人づきあいを優先して一人で家に残りたいと考え始めるのがこの時期である。男子も家族と行動することを嫌がり，たまに母親と外出すれば，並んで歩くのを避けたり，友人に見られては困ると必要以上に知らない人の振りをする。一日のできごとや友人とのことなど，うるさいほど報告していた息子や娘の口数が減り，親に見せないこと，知らせない世界が少しずつ増える。ついこの間まで無邪気に寄り添ってきた子どもの急激な成長と変化を目の当たりにして，親としては頼もしくも，もの寂しい気持ちを抱く頃である。

　こんな変化の一方で，思春期の彼らが何をするでもなく寄ってきて，親のそばに腰掛けたりするときがある。そんなときは気が向けばあれこれ話もする。親から頼まれると嫌がったりしぶしぶ応じるのがせいぜいの彼らが，親の横で家事や仕事を手伝ったりする。あるいは，友人を家に連れてきて，夕食や団らんを共にすることもある。離れているかと思うと，次の瞬間には，すっと人なつこい甘えた表情を見せたりして

●表4.1　家族と個人のライフサイクルと発達課題（平木，1998をもとに作成）

ステージ	家族システムの発達課題	個人の発達課題
1. 家からの巣立ち（独身の若い成人期）	・源家族からの自己分化	親密性 VS 孤立 職業における自己確立
2. 結婚による両家族の結合（新婚期・家族の成立期）	・夫婦システムの形成 ・実家の親とのつきあい ・子どもを持つ決心	友人関係の再編成
3. 子どもの出生から末子の小学校入学までの時期	・親役割への適応 ・養育のためのシステムづくり ・実家との新しい関係の確立	世代性 VS 停滞 ―第2世代― 　基本的信頼 VS 不信 　自律性 VS 恥・疑惑 　自主性 VS 罪悪感
4. 子どもが小学校に通う時期	・親役割の変化への適応 ・子どもを包んだシステムの再調整 ・成員の個性化	世代性 VS 停滞 ―第2世代― 　勤勉さ VS 劣等感
5. 思春期・青年期の子どものいる時期	・柔軟な家族境界 ・中年期の課題達成 ・祖父母世代の世話	―第2世代― 同一性確立 　　VS 同一性拡散
6. 子どもの巣立ちとそれに続く時期：家族の回帰期	・夫婦システムの再編成 ・成人した子どもとの関係 ・祖父母世代の老化・死への対処	―第2世代― 親密性 VS 孤立 （家族ライフサイクルの第一段階）
7. 老年期の家族の時期：家族の交替期	・第2世代に中心的な役割を譲る ・老年の知恵と経験を包含	統合 VS 絶望 配偶者・友人の喪失 自分の死への準備

周囲を当惑させる。

　親世代は，青年の家族への気まぐれな出入りを柔軟に受け止めていかなければならない。青年の試行錯誤を見守るだけの心の安定を両親が（とりわけ母親が）抱けているかどうか，あるいは，子どもが関係から抜けることで夫婦や家族が危機に瀕したり，バランスを欠いたりすることがないかどうかがここで問われる。現実には，青年に振り回されるように感じ不安や不快感を抱く親もいれば，いまさらながらの依存欲求にへきえきして青年を突き放す親，反対に喜んで迎え入れ，もう二度と離すまいとしがみつく親など，親の対応もさまざまである。親世代が青年の欲求を阻止すればするほど事態はややこしくなるが，そんな対応をせざるをえない親の側の事情を無視するこ

ともできない。

　息子や娘が10代の頃，親の多くは，40代，50代の心身の変調期（中年期）にさしかかっている。体力の衰えを感じながら，特に男性は仕事の領域でさらなる重圧がその肩にかかっている。夫婦共働きで子育てを共同で担ってきた夫婦は，両立の疲れが前面に出てくる時期であるし，夫と妻が役割分担をして家庭を支えてきた場合は，分業体制が相当に硬化し，両極化している頃である。仕事に全力投入してきた男性は，家族の変化がよく把握できなくなってしまったと，家庭で孤独感を覚え，社会に活動の場を失って久しい女性は，妻や母親役割以外の自分を見いだすのが難しいと感じ始めている。家庭を大切にしない（かのごとくに見える）夫に妻が腹を立てたり，妻の焦りやいらだちに夫がへきえきするという悪循環に陥りやすい時期である。老年期に至った祖父母世代の世話や看護という重荷を抱え，家族の感情的なこじれに拍車がかかる場合も少なくない。

2．親からの独立

　家族から離れたり，離れたかと思うとまたふっと家族に戻る繰り返しのなかで，青年は親からの独立という課題を達成する。独立とは，いいかえれば，子ども時代の親子関係を総決算し，新たな親と子の関わりに向けて歩を踏み出すことである。親子の間に起きたこれまでのできごとや過去の歴史について（それをなかったことにしたり事実を変えることはもちろんできないが）反芻し，意味をとらえなおしたり，再度試したり，親以外との関係で期待できそうなものはそちらに切り換えるなど，青年の内側で一連の作業が進行する。親子がより対等で分化した関係に変わる好機である反面，ますます複雑にこじれる場合もある。両方の可能性が高まるという意味で，青年にとって大きな発達の節目である。

　村瀬（1996）は，川崎市の中学生1,900名を対象に行った父母像・家庭像に関する意識調査について報告している。「父親（母親）と自由に話せる」「父（母）を尊敬できない」「気持ちが通じている」など，いくつかの質問項目を用意し，質問への回答傾向が男女別，年齢別でどのように異なっているかを比較した。1978年に行ったデータだが，中学生の親との関係を考えるうえでなかなか興味深いので参照しよう。

　それによれば，肯定的な両親像・家庭像をもつ者の数は，中学1年生から3年生にかけてはっきりと減少する。特に肯定的父親像に関しては，女子の減り方が顕著で，学年が進むにつれ父親に対する否定的見方を強める傾向がうかがわれる。母親像については，特に男女差は見られないが学年増加にともなう否定化が同様に生じた。中学

時代は，両親や両親が作り上げた家庭に対する見方が相当厳しくなり，多くの批判が生じる時期と考えられる。

　この時期の青年が抱く批判のうち，ある部分は理に適(かな)った正当な訴えであり，別の部分は大人世代に対する理由なき反抗という側面がある。村瀬（1996）のいうように「若者にとって大人は，理屈抜きにただ相手が大人であるということだけで，羨望・嫉妬・怒りの対象になりうることをもっと大人は知らなければいけない」。批判や反発心・反抗心をあえて駆り立て，それをばねに利用して親との依存関係を抜け出す青年もいる。手をかけ心をかけ少数の子を育てるという現代の子育て事情のもとでは，親からの独立は，親を蹴飛ばすくらいの覚悟が求められる大事業なのかもしれない。

　実際の独立のプロセスは，青年によってさまざまな形で展開する。たとえばある中学生は，いろいろ複雑な思いを胸に秘め，すっと口を閉ざしてだんまりを決め込む。親は無口になった彼（彼女）の変化を感じるが，それ以上の争いには発展せず，静かに距離がとれていくかもしれない。また，親への批判を言葉にして真正面から親とぶつかる者もいる。批判を受けた親が大いに納得し，批判が聞き入れられる場合もある。あるいは，親が傷ついたりダメージを受けることもある。それでもさらにぶつかり続けるか，いったん引き下がって様子を伺うかは親の傷つきやすさ，青年の反抗の必要性，環境など種々の要因が絡む複雑な関数だろう。青年の内面の揺らぎが大きければ，さらに反抗を続ける可能性が高いが，大人に対する恐怖心が強く，それを支える環境もなければ，青年は満身の力を込めて自己抑制するかもしれない。さらにまた，学校や家庭の規則や約束事を破る，禁じられたことをしでかすなど，行動によって反抗・反発心を表現する者もいる。行動化の程度によって，非行少年（少女）や逸脱者のレッテルを覚悟することになる。叔父・叔母や近隣の知人など，親以外の大人が割って入ることが怒りの鎮圧に大いに役立つ場合がある。親が青年の反抗を無理やり抑えようとすればするほど，出口を失った思いが青年の内側で膨らみ，さらに激しい怒りとなって噴出する例のあることを大人は覚えておくほうがよい。理に適わず気まぐれに見える青年の反抗に対してさえも，青年をただねじ伏せるのでなく，ものわかりよさげに耳を傾けるのでも，不必要に傷ついたり平身低頭して敗北を宣言してしまうのでもなく，大人が青年と向き合う確かな存在になることができれば，独立の課題は，彼らにとってどれほどか取り組みやすい，乗り越えやすいものになるだろう。

　青年の極端な理想主義や潔癖主義が一段落して他者への視線が優しくなる頃，現実的な意味での自分づくりが進み，親からの独立の課題もようやく峠を越える。多くの例では高校生から大学生の時期にかけて，親子関係は再び安定していく。児童期までの間に上質の親子関係が築かれていること，家族が青年の反抗を迎え入れる情緒的余

裕をもつこと，そのうえで青年の内的必然性によって反抗が始まり，それが下手に抑えられず，助長もされず，依存と独立の間の行ったり来たりを十分にやり抜いてもらうことが何より大切である。

3. 友人関係の発展①──親友を希求すること

　親から独立する過程で，親にあまり心を開かなくなった青年は，それによって訪れる孤独を埋め合わせるために親友を強く求める。彼らにとって，親友は，興味関心を共有し，何でも語り合え理解しあえる最も大切でかけがいのない存在である。
　この関係が青年にもたらす発達的・治療的意味に注目したのは，サリヴァン（1953）である。貧しいマイノリティの出で，あまり幸福といえない幼児期を過ごし精神病的な一時期を経たとも自認するサリヴァンは，自らの経験をふまえ，この時期に築く同性同輩の友人との強力な関係（親友＝チャム）が，それ以前の発達上の歪みを修正する可能性をもつと考えた。選り抜きの男子看護者とともに病棟そのものが思春期における同性同輩関係の体験の場となるように精力的に努め，分裂病患者の治療実践を展開したサリヴァンは，それまで治癒不能とされていた領域に幾多の成功例をもたらした。ただし残念ながら，コストがかかる，病棟全体に生じる同性愛的な雰囲気が病棟外スタッフから問題視され協力体制づくりが困難になるなど，いくつかの理由から，彼の実践がその後に引き継がれることはなかった。
　異性愛に移行する以前の親友関係（チャム関係）が，ときに同性愛的傾向を疑わせるほど強い結びつきになるのは事実である。多くの例ではクラスメイトや同じ部活の友人であることをきっかけに親友が選ばれるが，学校で長時間一緒に過ごすだけでは飽きたらず，帰宅後も電話をかけあったり，翌日渡す手紙や交換ノートを記したり，よくも話題がつきないと感心するほど彼らはいつも関わりあう。好きなものや意見が同じこと，自分一人でなく，味方や仲間のいることが何より大切なので，この時点でお互いの違いはほとんど意識されず，類似性・共通点が強調されてとらえられている。したがって，ふとしたきっかけでお互いの違いが見えたり意見がぶつかるのは，彼らには大きなショックである。どちらかが先に異性に関心を向け始め，それによって親友関係のバランスが崩れたり，相手からの強い求めを拘束と感じ始めることは，彼らには裏切り行為という意味をもちかねない。
　校内のカウンセリングルームにもち込まれる相談のうち，特に中学生女子の相談で，親友関係にまつわるものは多い。「親友が自分より他の人と仲良くなってしまった」「私の大切な秘密を洩らされてしまった」「いつの間にか相手が変わってしまったみた

い。これまでのようにうまくやっていけない」などの訴えがよく聞かれる。一見，対人関係のトラブルとして語られるが，よく耳を傾けてみると，自分をうち立てようにもどこか心許ない，けれども以前の無邪気な子どもらしい状況には戻れなくなってしまった彼らが，苦しみながら自分づくりに励む姿であるとわかってきたりする。友人との違いを知ること，そして友だちづくりの難しさの体験を通して，自分に関する認識が深まっていくわけである。

4. 友人関係の発展②——対等な関係をめざして

　友人のなかに自分と異なる面があることを許容できるようになり，違う人間として相手の言い分を認められるようになると，友人関係は次の段階に進む。高校生からそれ以上の年代に展開される関係は，自分も相手もそのまま受け入れようという精神のもとに形成される対等な仲間（＝ピア）であるという意味で，ピア集団と呼ばれる。それ以前のチャム関係が重視した，行動を共にするかしないかのレベルはあまり問題でなくなり，生き方やものの考え方，価値観など，個人の内面の交流によって結びついた関係となる。深いレベルでお互いの考えを交えれば当然両者の違いが見えてくるし，違っているからこそ，誰もがユニークな個人として存在することの意味が明確になる。

　異質性が意味をもつなら，ピア集団は必ずしも同世代，同年齢である必要はない。学年や性別が異なる人々との間にも，この時期，親密な仲間関係が成立する。高校生の若者が，アルバイト先で知りあった先輩や上司と大いに親しくなったり，近隣の兄貴分や異性の友人との関係を，さらに自分を育くむ糧として役立てられるようになる。

　とはいえ，自分と相手のどちらも異なるまま認めあうことは，実際は大変に難しい。お互いの個性を認めあったうえで他者と結びつき，自他の境界を見失わないという意味で，多くの人々が求めながら得られずにいる親密性をもたらしてくれる人間関係である。当たり障りのない関係を良しとしたり，少しの違いを見つけて陰湿ないじめが展開する風潮のなかで，ピア関係をどのように守り育んでいくかが現代の課題である。

5 青年を取り巻く環境

1. 青年と学校

　中学生・高校生つまり青年期の生徒の発達を考えるとき，彼らにとって学校という存在は，児童期までとは異なる意味で大きな影響力をもっている。この時期の人間的成長を考えるうえで，進路決定や職業選択など学校の果たす役割はますます大きくなり，生徒の適応状態全般を左右することになる。

(1) 進学率の高まりと職業選択

　思春期・青年期の青年にとって学校は，過ごす時間や空間といった物理的な側面ばかりでなく，心理的にも大きな位置を占めるようになる。文部省の調査では，1998年度では，高等学校への進学率は，96.8%に達しており，さらに大学（短期大学を含む）への進学率は，48.2%と高校卒業者のほぼ半数に達している。

　このように，青年期においては学業の重みづけが増し，また義務教育から中等・高等教育への移行期にあたり，進路決定に費やすエネルギーも増大し，生活全般への影響もさまざまなかたちで現れる。受験等で本人にとっては必ずしも納得できない進路決定を余儀なくされた場合などは，その後の学生生活に，怠学，不登校，中退，非行のようなさまざまな不適応が現れることも問題になっている。

　こうした状況の克服のために，現在では，中学校での進路指導では，それまでにあった偏差値等への依存による指導のあり方を改め，生徒一人ひとりの能力や適性等を考慮したあり方に立ち返ることをめざして改革が行われている。また，中学生には高等学校の訪問・見学，体験入学をさせたり，高等学校の側では学校・学科の特色に応じた多様な選抜方法の導入や推薦入学の積極的な導入などの改善を行っている。

　さらに，高等学校における進路指導では，進学先の選定や就職先の紹介だけに偏らないように，生徒が主体的に進路を選択決定できる能力・態度の育成にこそ重点を置き，自己の決定に責任をもてるように指導することを第一の目標としている。また，文部省でも1993年度から高等学校の生徒を対象として，「勤労体験学習総合推進事業」

を実施している。生徒に将来の生き方や職業選択を考慮した進路選択の自覚をもたせるもので，学校と地域のPTA，地元企業が連携を図り，職場見学や奉仕活動などを実施している。

⑵ 学校ストレス

生徒の学校不適応が増加している背景には，生徒を取り巻くさまざまな学校ストレスが影響していることを示す研究がある。岡安ら（1992）は，学校におけるストレッサーとストレス反応との関連性を調査している。たとえば，図5.1に示したように，中学生においては，「友人関係」に関するストレッサーは，ほとんどのストレス症状に影響力をもっていることがわかる。また，「先生との関係」は「不機嫌・怒り」という症状と，「学業」は「無力感」と関連しているという結果を得ている。友人関係における適応状況が最も大きな要因であり，教師との関係が暴力的な行動傾向を誘発しやすいこと，学業不振が，生活全般の意欲減退などと密接に関連する状況が示唆され，注目すべき結果である。

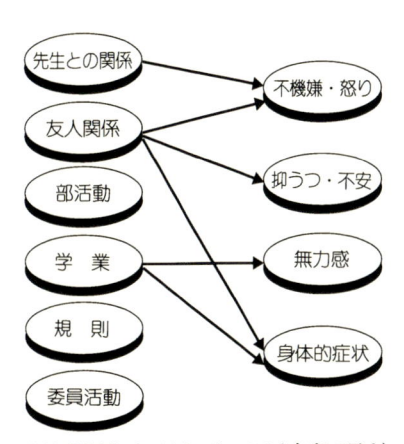

●図5.1 中学生の学校ストレッサーとストレス反応との関係（岡安ら，1992より）
（偏相関係数が15以上のもののみを矢印で示す）

⑶ 校則・きまりと生徒指導

日本の学校では，校舎も活動内容もそれほど違いはないのに，それぞれの学校によって独特の雰囲気が見られる。学校がある地域性の問題もあるだろうが，それ以上に，校内での日々の教育活動の営みの結果としてもたらされる差異であろうと考えられる。

学校は生徒指導のなかで，服装・頭髪等の身だしなみや時間の遵守や礼儀作法など，さまざまな校則・きまりを設けている。しかし，青年期の自己主張や自己確認といった行動傾向は，外部からの規制と軋轢を起こしやすく，そこからさまざまな逸脱が出現する。学校の雰囲気の違いはまさにこの青年から発せられるこうした主張をどのように扱っているかという問題に関わっている。集団生活にルールがあるのは当然だが，これを教師主導で強硬に守らせていく方針で指導する場合と，生徒自身に考えさせ主体的に取り組ませていく方針をとる場合とでは，生徒の意識や行動，そして全体的な雰囲気というべきいわば学校の風土は変わっていくことになる。

学校において，きまりや規則の意味やその用い方は，より慎重に行っていく必要がありそうである。今日の生徒の規則に対する認識や行動の特徴は，清水（1994）が示したように，①欲求不満耐性の不足，②対人スキルの未熟さ，③基本的生活習慣の乱れ，④価値観の多様化，といった要因から，規範の内面化が進行せず，持続的かつ一貫した態度や行動が減少し，それに代わって，その場その場の状況に左右されやすく衝動的で逸脱的な行動が発現しやすくなっていることが指摘されている。また，家庭における教育力が弱体化して，しつけ等の訓育面についても学校依存が強まっているので，学校がより管理的な規制を強く押し出さなければ，秩序の維持ができなくなっている状況も指摘されている。こうした状況では，校則運用についても，校内の職員の共通理解を深め，保護者ともじっくりと意見調整することが必要になってくる。

⑷　環境としての「教師」

教師は生徒のさまざまな成長過程，たとえば，自己の身体の変化への適応，情緒的成熟，学習内容の高度化への対応，進路選択やアイデンティティ（自我同一性）の獲得，異性関係における適応等のじつに多くの青年期の局面に立ち会っていく存在である。したがって，教師の生徒を見る視点や枠組みも，生徒から見れば，自分を取り巻く重要な環境要因であり，生徒の考え方や行動に対する教師の注目，期待，評価，指導のあり方が，生徒の学校適応に大きな影響力をもっている。また，教師の生徒を見る認知的枠組みの違いは，個々の生徒だけでなく学級全体の人間関係やその親密度をも規定するのである。

こうした生徒と教師の関係性の特質をとらえるには，教師行動の類型化や教師の生徒認知に関する研究が，さまざまな視点から進められている。教師－生徒関係が果たす役割については，竹下（1972）が，2側面あることを指摘している。一つは，生徒の学習や適応に好ましい状況を準備する「手段としての関係」であり，生徒に良好な環境を提供し，知識や情報を得るための効率のよい媒体としての人間関係の役割である。もう一つは，教師－生徒関係の「関係」のあり方自体を教育目標とする役割であり，教師との間に成立する人間関係が将来の社会的技能や態度の発達をもたらすような対人関係の理想のモデルとなるという考え方である。

また，教師の生徒認知の特徴も明らかにされてきている。小川（1955，1956）は，一般的には，教師の関心は，はっきりとした非行など攻撃的な行動や学習の進行を妨げるおそれのある行動などの逸脱行動に向けられやすく，引きこもりなどの内閉的な態度や行動には，あまり注目がはらわれない傾向を指摘している。後者の内向的な行動傾向に注意をはらう教師は，元気で人気のある子どもなど，目立つ生徒ばかりでな

く，孤立している生徒や排斥されている生徒にも目を向け，学級内の生徒の実態を比較的正確に把握していることが多いことも指摘している。さらに小川は，教師とカウンセラーなどの心理臨床専門家との間では生徒認知にかなり違いがあり，特に教師が，「乱暴」「不従順」を問題にするのに対して，専門家は，「内気」「敏感性」「臆病」を問題にしているという。また，逸脱的な行動に重点を置いて生徒を見る教師は，孤立している生徒と排斥されている生徒の理解があまり分化していなく，やや不正確な見方をしやすいとしている。この結果からは，専門家の見方のほうがよりよい生徒理解につながることになるのだが，近藤（1994）は，教師と心理臨床専門家との認識の相違を前提としながら，教師には教師の立場と見方でしかできない効果的な生徒指導を作り出している側面を指摘し，どちらの生徒理解が優れているという議論ではなく，お互いの立場や理解枠組みの違いを認識しながら両者の持ち味を引き出していくことが必要であることを強調している。

⑤ スクールカウンセラー

現在，全国の公立学校で実施されている新しい動きとして，スクールカウンセラーの配置を指摘しておかなければならない。児童・生徒の不登校やいじめなどさまざまな問題を解決するための新たな一歩として期待を集めている。スクールカウンセラーの役割は，学校の実情に応じて，次のような役割を担う。

①児童・生徒へのカウンセリング，②カウンセリング等に関する教職員および保護者に対する指導・助言，③児童・生徒のカウンセリング等に関する情報収集・提供，④そのほか児童・生徒のカウンセリング等に関して各学校において適当と認められるもの。

こうした役割を機能的に実践するためには，特に教師とカウンセラーは，それぞれが依り立つ視点や役割の違いを確認しあいながら，お互いの努力をどのように嚙みあわせていけるのかを模索していかなければならない。

2. 学校外教育機関

(1) 学校教育のサポート

不登校やさまざまな生徒の不適応に対して，教育行政は新たな試みを展開している。以下に現在の施策のなかで代表的なものを示す。

①**適応指導教室** 適応指導教室は，都道府県または市町村の教育委員会が学校外の施設や学校内の余裕教室などを利用して主に不登校生徒を対象として，学校復帰を支援

するためのカウンセリングや，集団での活動，教科指導などを行うものである。指導内容・方法は，それぞれの場に応じて特色があり，生徒の興味・関心・能力等に合わせて独自のプログラムを組み，新しい体験や学習にふれられるよう配慮している。たとえば，集団活動を通して自立心や社会性や協調性を伸ばせるように，スポーツ，料理，陶芸，社会見学等を実施している（p. 107も参照）。

②教育センター・教育研究所など　教育センター等の名称で，各都道府県および市区町村に設置され，教育委員会が所管する施設をおいている。その地域において，児童・生徒の不登校問題を中心に，学業，性格，行動，身体や精神の健康，進路，適性等の問題について，保護者や子ども自身や教師からの相談を受けている。児童・生徒に対しては，心理専門職員による教育的な指導・助言やカウンセリングや心理技法（遊戯療法，箱庭療法等）を実施しているところも多い。

(2) 民間施設（フリースクール）

『学校に行かない進学ガイド』（『別冊宝島』1990）では，「現在の教育をめぐる状況のきわだった特徴は，あらゆる公認の伝統形態からはみだした，まったく新しい『もうひとつの学校』の形が表面に登場してきていることであろう」と指摘している。さらに，この公認の形ではない学校の特徴として，①ここに集まっている子どもたちは「正規」の学校に行っていないことが多い，②「授業料」「学費」に相当するお金を支払っている，③共通しているのはどこも人数が少なく，参加者がそれほど均質でないこと，教えることが先にあってプログラムをこなすというのではなく，一人ひとりの事情が尊重されやすくなっている，という点をあげている。

一般にフリースクールと呼ばれるこうした施設は，公教育では実践の難しい，少人数による個々の学びの領域と質を考える場として全国にその活動は広がっている。文部省協力者会議報告（1992）時点でも，全国41都府県，229ヵ所に及んでいる。正規の学校でもフリースクールの実践内容を取り入れていくところも出てきている（文部省，1992）。

(3) 学習塾やけいこごと

図5.2に示されたように，現代の子どもたちは，学校外でいかに多くの教育やけいこごとに関与しているかがわかる。特に，中学生において，教科学習の補習を行う学習塾に通っているものが半数を占めていること，また小学生の段階でけいこごとを何もしていない子が5人に1人しかいないことが注目される。

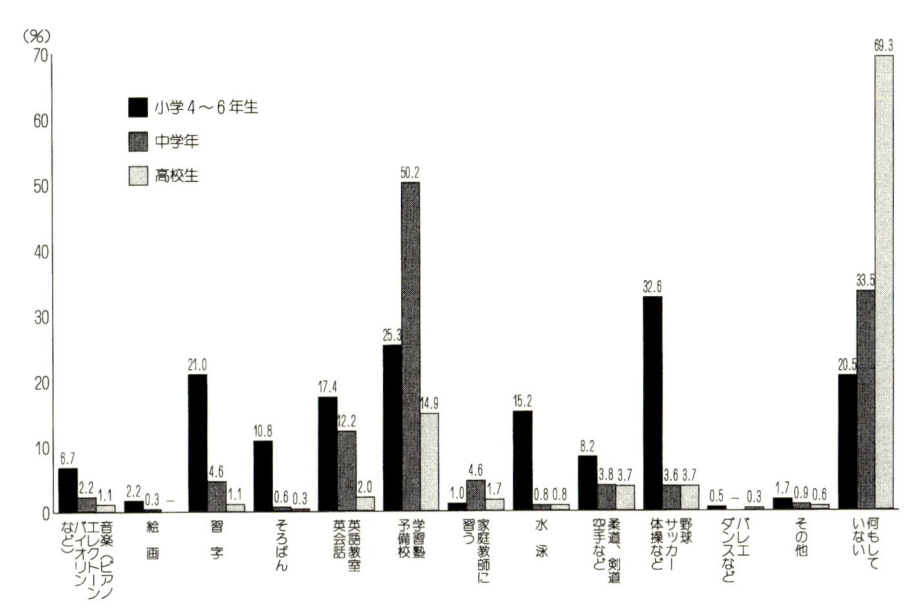

●図5.2　塾やけいこごと（小学4年生～高校3年生［男子］，複数回答）（総務庁，1996）

3. 青年の行動範囲の広がり

(1) アルバイト

　高校生以上の青年期の社会環境として見逃すことのできないものとして，アルバイトがある。部分的にではあるが，経済活動等への社会参加であるし，それ以上に職業人の役割を演じてみることによる役割実験や自己確認の意味をもっている。アルバイトにおける成果は，自己の統制力の向上や自信をもたらすことになるだろう。

(2) ボランティア活動

　ボランティア活動は，活力ある地域社会を作るために重要な役割を果たし，特に青年期においてはこうした経験をもつことが，人と人との相互援助の重要性や奉仕の精神や地域の連帯感を培うために有用である。こうした活動をより広げていくためには，青少年の福祉についての理解を深め，高齢者や障害者とのふれあいの機会をもつような教育的配慮が必要である。厚生省では，福祉教育推進事業として，児童・生徒の社会福祉施設の行事への参加や体験活動，近隣地域での各種のボランティア活動の普及，特に高校生に対しては，社会福祉施設等での介護体験等を行う事業を実施している。

6　自分さがしと学習活動

1. 自己構成活動としての自分探し

　青年期となり，抽象的に考えることができるようになるにつれて，子どもはそれ以前のがむしゃらに外界を取り入れ，自己の世界を拡大させる活動から，自分の内界に関心をもち，自己を高める活動を主として行うようになる。自分を社会と関連させ，自分を客観的・相対的に見ることに関心をもつのである。この場合，通常は自分の独自性の発見や他者と区別する差別化が先行し，その後，他者との共感や自己を越えた思想や組織への結合化が生じ，自分らしさ・独自性の発見，自己構成，統一感の獲得が成立する（エリクソンはこれを「アイデンティティの確立」という）。この作業を通じて，青年は自分の居場所はどこにあるのか，何が期待されているのか，将来社会のなかでどのような役割が予想されているのか，等，自分の存在と独自性の確認を行う。そして自分を社会のなかで実現していくためには，現在何を行うべきか，どんな準備を行うことが必要なのかの吟味にもとづいて，それに向かって行動し始める。

　しかし，この作業は，必ずしも容易な過程ではない。あらかじめ用意された正解があるわけではなく，自分で模索し，解決していかなくてはならないからである。世のなかは，青年中心に動いているわけではなく，競争も運もある。そのため，この自分探し・づくりの過程では，差別化のみが進行し，自己中心主義的な自画像を抱いてしまうこと，自己の独自性を見いだすことなく外部の思想や組織を受け入れてしまうこと，自分探し・づくりの作業の意図的な放棄，情緒的混乱等がよく生じる。「15にして学に志し，40にして惑わず」というように，この自分探し・づくりの作業はその後一生続けられるべき作業であるが，保護される存在から一個の独立した存在に変換する時期である青年期には，この作業は特に重要な意味をもっている。それは，この時期に進路・職業選択，配偶者選択，価値選択が求められ，それを独立した意志をもった存在として行うことが期待されているからである。かっては，周囲の状況や有力者たちの配慮のもとに決定していたこれらの事項を，青年本人の責任と自覚によって決定することが期待されているのである。しかも，社会はかってより複雑化し，青年は

学校という実社会から分離されたところで生活している。そこで，青年の自己構成活動への支援がかってよりも問題とされるようになっている。

2. 自分探し・づくりを支える要因

①**いくつかの試行錯誤が許される許容的雰囲気**　一度決めたことは石にかじりついてもやり続けるというのではなく，いろいろな可能性を試み，合わないと思ったら，退却する。そのような行為を失敗ではなく，挑戦として見る。そして，希望や生き甲斐を求めて種々の試みに挑戦することを認める許容度が必要となる。そのためには，保護者や教師や社会が多様な人生の過ごし方を許容する雰囲気が前提となろう。

②**将来を展望しやすい多数のモデルの存在**　価値の多様化，社会機構の複雑化や情報化された社会では，社会に出た後，どんな進路があるかを想像することは難しい。それが明確になれば，何のために勉強するのか，進学するのかの目的意識がはっきりし，それらを自分の問題として受け入れることができる。そのためには，多様なモデルが子どもの周囲にあり，子どもが自分の夢を具体的に抱けるような配慮が必要である。疲れ切った父親と追いまくる母親，やる気のない教師からは子どもの肯定的自己像は生まれにくい。

③**自発的に種々な情報を入手できる体制と支援体制**　大人が情報をコントロールして提示するのではなく，子ども自身が自分で情報を収集することが今後の社会では多くなっていく。自分の希望する専攻に進学するには，どの附属学校がいいかとか，この資格を取るにはどうすればいいかなどである。これらの資料をすべて教師が揃えることもその内容の詳細を理解することも不可能である。そのような情報があることを知らせたり，そのような収集活動を援助したりすることこそが必要なのである。もちろん，その情報の理解の仕方や自分への適合性などで悩みをもった子どもにはそれなりの個別的支援が必要となる。

④**共同作業を行う仲間**　これらの作業を進めるうえで大きな励みになるのは，ともにその作業を行う同志である同年齢の友人・親友および友人集団，少し先の作業をしている先輩，そして，親しい異性の存在である。このような近い年齢の青年が集団として集まり，語り合う機会を多く作る，あるいは少なくともそのような機会を奪わないような配慮をすることは，青年の自己構成活動を活性化させるために非常に大切なことである。

⑤**経験豊かな大人の存在**　青年の知識や経験は少なく，限定されたものであり，客観的には彼らに助言をする存在は必要である。その限界や問題点を指摘するのではなく，

自分たちを信頼してその作業を見守り，求められたら助言をしてくれる経験豊かな大人の存在を青年自身も望んでいる。直接経験だけでは，この自己構成作業が難しくなっている現在，青年に接する大人たちは，今まで以上に，青年たちの自分探し・づくり活動を支援する観点が必要となる。しかし，残念ながら，青年には，親や教師の影響力から離れて存在したい，干渉されないで自分あるいは自分たちで考えて決めたいという思いが強く，大人を敬遠すべき存在と見なしやすい。それは，青年が集団として大人の権威から離れたところで自由に考え，十分吟味したうえで納得したことを実行していきたいという彼らの心情を考えれば十分理解できることである。時間的効率性を重視し，客観的に正しいことをつい断定的に示したがる傾向が，大人にあるということも事実で，青年たちが感じ，考え，行動し，決定する過程を温かく見守る存在が今後ますます期待される。

3. 学校教育のなかで

現在の学校教育では，学習指導も生徒指導も，現実には教師のコントロール下にある。そこで，いわゆる教科学習のなかで，学校行事，学級・生徒会活動や部活動といった特別活動のなかで，どのように青年たちの自分探し・づくりを支援していくのか，そこでの配慮点について以下に述べていく。

(1) 教科学習

文学，歴史，科学，芸術等の教科学習のなかでは，多くの文化遺産に直接ふれること，論理的に考えること，感性を洗練させること等の学習が進められる。青年は抽象された世界のなかで自分というものを見つける。近代社会萌芽期の先人たちの生き方を知ることによって，その生き方に自分を引きつけて考えることもあろうし，すばらしい古典にふれることによって，自分の感性を研ぎすませていくかもしれない。また，新しい数学の発想にふれて，世界が開けたと思うかもしれない。科学・文化の粋にふれ，その発想に対することにより，それに共鳴しうる自己の側面を見いだすことは知識の伝達とともに学校教育の重要な機能である。

どの教科が好きか，得意か，また，ある特定教科のなかでもどの分野に興味をもつか，等は，学習が進むなかで青年は自然と自覚していく。たとえば，数学は，確実に答えが出るから好き，決まった答えしか出ないから面白くないとか，国語の文学作品は自分に引きつけて考えられるから面白い，いくつもの答えがありそうで，しかもその表現の仕方が難しいから嫌いとかいった次第である。小学校の頃はどの教科でもま

んべんなくこなすことが当然であり，各教科を好き嫌いせずに勉強することに何の疑問を感じなかった子どもが，青年期に入り，情報処理水準と情報処理型の個人差がはっきりするにつれて，自分に合った学習活動や方法を選択するようになる。この個人差をどのように認めるのか，どう考慮するのかは，青年期以後，学習内容との関連で教師が考えるべき重要なポイントとなる。

(2) 総合的学習

1998年度に公布された学習指導要領で新たに導入された総合的学習では，個人の問題意識によって課題が選択され，遂行されていくことが期待されている。自分たちで課題を見いだしていくなかで，自分の興味・関心，自分の能力等を自覚し，自分らしさ，自分の意志といったものをより具体的に現実化させていく。作業を実行していく途中では多くの他者との交渉も必要となり，自己の他者との関係の取り方も自覚するようになってくる。自己判断・決定，自己遂行，自己評価の側面が強くなる学習活動であれば，自己の能力，興味，要求水準といった自分と向きあった学習が自然と行われるようになってくる。

(3) 特別活動

部活動，学校行事，生徒会活動等は，青年の自律と社会性を育成するために設けられていたが，今後は子どもの自己決定力を育て，それを現実に実行していく力の育成に重点がかかる。大人があらかじめ設定した目標の達成のために，社会的に望ましい経験を与えることに偏りがちであったこれらの活動が，自分たちの創意と工夫で作り出し，その成果の質を問うとともにそれを作り出した協力と努力の過程を重視するものに変わっていく。同級生との共同作業のなかで，自分の役割を知り，あるときには主導性を発揮する。またあるときには，皆を支える仕事をしていくなかで，周囲が自分に期待していること，自分のできること，協力することの意味などを学んでいく。

(4) 進路指導

中学・高校卒業後の進路決定では，自分の希望を明確にするとともにそれを実現するための展望をはっきりさせることが重要である。現在は主要教科の学力水準が進路決定の大きな決定因であることは確かだが，推薦入学，自己申告入学など多様な入試形態が取られるようになると，受験生の適性，意志，経験が重視されるようになる。将来の自分の進路についてのそのときなりの設計を考え，それに応じた進路と履修教科等の決定が問われるのである。そのためには，前述の総合的学習や特別活動で，従

来以上に，青年の自己構成の活動を促進援助するような機会が必要であろうし，実際に多くの社会で実際に働いている人たちや職業を直接見聞する機会の提供が重要となってくる。また，保護者に働きかけて，保護者の人生や仕事に関する考え，現実の社会で起こっていること等の会話を子どもとすることを働きかける必要があろう。地域活動に参加することも青年が自分の進路を考えるうえで役に立つ。

4. 学校外の社会的活動

　趣味や宗教的なサークルであれ，あるいはボランティア等の社会的・地域的活動であれ，そこでは，一定の目標の達成のために，異なる年齢集団の人たちが集まり，活動を行っている。そこに参加することは参加者の自由意志であり，入会も脱会も基本的には自由である。そこでの活動は学校よりも現実社会を反映しているものであり，参加者たちに義務と責任を要求される。最近の青年たちの多くは，完成されたものを楽しむためにこのような活動に参加する傾向があるが，これらの自治活動のなかで，青年は自分の位置と役割を実感する。反社会的な組織や活動を行うのでなければ，青年たちに積極的にこれらの学校外活動に参加する意義を認め，奨励することが必要であろう。

5. 自分探し・づくりのための特別な指導

　最近，学校教育，特に特別活動のなかで，青年たちの自己理解を進めるために，特別なプログラムが用意されることが多い。現在は，それらは試行的に実施されていることが多く，その効果も確定的な結果を得ていないが，教師の創意と工夫のもとに子ども主体で実施されていることが多い。今後，この自己探しのプログラムは，総合的学習の時間などで実施されることも予想される。そこで，それらの多くのプログラムを整理する枠組みを提供しておきたい。これらの教育目標，方法，特別な配慮の必要性，現実的要請等を考慮して，合理的に取捨選択する目をもっていたいものである。
①**自己理解の水準**　どのようなレベルでの自己理解をうながすかということで，意識，深層，行動という3つの水準を考えてみた（表6.1）。それぞれのレベルのプログラムを通じて，あるいはそれぞれのレベルに着目して，それまで必ずしも注意が向けられていなかった自分の諸特徴に気づかせたいという意図である。
②**プログラムがめざす「気づき」の性質**　自己理解をうながす内容としては，表6.2のようなものが考えられるであろう。また，それぞれを促進すると考えられる技法の

●表6.1　自己理解のレベルによる分類

意識レベル	深層レベル	行動レベル
参加者が意識している問題	必ずしも意識されてないが要求や知性が大きく関与するレベル	実際にどう行動するか，できるかを問題とする
日記・手紙等 自己年表づくり 質問紙検査 　（YG，エゴグラム等） 内観法 エンカウンター・グループ	投影法的検査 　20の私，バウムテスト等 RCRT 作品づくり 描画，コラージュ	行動傾向（対処方略等） ロール・プレイ

●表6.2　「気づき」の性質による分類

気づき・自己理解の性質・内容	プログラムの例
事象のとらえ方	日記・手紙，RCRT，ロールプレイ
考え方・感じ方	日記・手紙，内観法，エンカウンター，ロールプレイ
表現の仕方	ロールプレイ，エンカウンター，描画，コラージュ等
性格	質問紙検査，投影法的検査
行動傾向（対処方略等）	行動傾向，ロールプレイ
他者からの見られ方	エンカウンター
自分らしさの枠組み	20の私，日記・手紙
他者理解の仕方	エンカウンター，RCRT
道徳・倫理観，価値観，信念等	質問紙法

例をあげてみた。

　これはあくまでも例示であって，たとえば，各自の日記を見直すという作業によっても，自分の考え方や行動特徴を理解することはできる。また，それぞれの技法をどう活用するかによって，自己理解の内容や水準にも幅は出てくるのは当然である。

コラージュ……collage。雑誌やパンフレット等の写真，絵画，文字等を切り抜き，台紙に自分で貼りつけることにより，各人のイメージを表現する方法。描画や箱庭作成と同様，心の深層にある個人の種々な思いを表現させうる技法と考えられている。すでにある具体的な材料（イメージ）を用いるので，独力で絵画等を作成するよりも，自分自身を抵抗なく表現できる。

RCRT……Role Construct Repertory Test。個人が世界を見ている個性的枠組み（Construct）を抽出する方法として，Kelly, G. A.により考案された。父親・親友・教師等代表的人物のなかから3名を抜き出し，そのうちの2名に共通する特性（Construct）とその反対の特性を求める。列挙された特性群からその人の見方の特徴がわかる。近藤邦夫らによって，より簡便な方法が開発されている。

7 青年文化

　青年が社会からさまざまなかたちで影響を受けている側面について見てきたが，このようにして獲得された青年の意識や体験が，逆に社会に対して働きかけて新たな価値や様式，さらには文化現象を生み出していくというもう一つの側面も見逃してはならない。このようにして形成された文化を青年文化ないしは若者文化と呼んでいる。

　青年期は，それに先行する時間（児童期以前）や，あるいは後に続く時間（成人期以降）とも異なったあり方で，生活様式，流行，価値観といった文化現象を展開させていく。ところが，青年期そのものが，時代的，社会的，文化的要因に大きく影響を受けるのでそれぞれの年代によって青年文化の様相は異なってくる。現代の青年たちが，直接的であれ間接的であれ，さまざまなかたちで集団を形成し，あるいは情報によるネットワーキングを形成し，相互に影響を与えていることは事実であり，それにともなって現代に特有な価値意識や行動様式が生じ，特有の文化を生起させることは当然のことといえる。

1．青年文化の特徴

　新田（1983）は，青年文化の基本的な特徴として，社会心理的な観点から「反抗性」「理想主義」「同調性」「遊戯性」をあげている。以下にその概要を示す。

①**反抗性**　青年は，自我の急速な発達にともなって，強い自己表現や自己承認の欲求と反抗性を示す。青年はその実生活の幅の狭さゆえに，社会統制の必要性を十分に認識できない。したがって，規則や慣習で規制してくる大人文化に対しては，強い反発を示すことになる。自分たちを，大人とは異なる世代に生きているという非連続性がこの傾向を強める。大人のもつ常識や慣習を無視して，現存の価値と衝突するのは，礼儀作法や言葉づかいといった日常的側面だけにとどまらない。既成社会の秩序に対する強い反感を抱き，自己同一性の危機からの回復を求めた，価値転換の運動（学生運動など）も過去には起こっている。

②**理想主義**　大人の「タテマエ」には馴染まず，社会の「ホンネ」の部分に反応して，

疑惑と不信を抱き，理想的な自我と社会の実現を求める傾向が強い。社会の不正，矛盾に対して，告発の先頭に立つことも多かった。しかしながら，純粋に理想追求だけでは，現実の生活は破綻するので，自己の世俗的な側面も容認せざるをえなくなり，そこに混乱と苦悩が生まれる。青年文学でもそうした葛藤がテーマになることが多い。

③**同調性** 青年の連帯への願望は，身近な友人にとどまらないで，同世代の若者一般へも向けられていく。こうした傾向は，マスコミが発達し若者たちの活動空間が広がっている現代では，さらに拡大している。一つの新しい基準が提示され，それが受け入れられ，主流となっていくにつれ，多くの若者たちが時期を失せずに，強迫的に同調し，全国的に波及して当代若者風俗になっていく。

④**遊戯性** 余暇時間に恵まれている若者は，発達期にある心身の旺盛なエネルギーを遊びの領域に向けることになる。さまざまな遊びを試み，作り出し，それを通じて交友の輪を広げていく。遊びには，このようなレジャー活動としての効用の他に，気楽ななかで世間・世俗のルールを取り入れていく過程を含んでいる。遊びは，実生活のシリアスさを軽減し，将来出会うであろう失意や敗北を先取りして，それを多少とも耐えやすいものにするのに役立っているのである。たとえば，音楽に熱中する若者が，バンドを結成し，成功すれば，将来の職業に結びつけ，限界を知れば，趣味のレベルとして受け止められるのもこの気楽さゆえである。

　この4つの特徴は，いかなる時代の青年においても基本的に当てはまることである。①の反抗性に関しては，スタンレー・ホールが「疾風怒濤」という表現で描いたように，青年期には，既存の社会体制や価値体系に挑んでは跳ね返されながら自己を確立し，社会の権威性を内面に取り入れていく過程が含まれている。攻撃性がどのような行動として現れるのかは一様ではないが，既成社会の価値や矛盾をいち早く感じ取り，先行する世代に対する意義申し立てを若者はさまざまなかたちで表現しているのである。②の理想主義は，大人のことなかれ主義や御都合主義と対抗するものである。③の同調性と④の遊戯性も次項に述べる流行を作り出す原動力になっていると考えられる。

2．青年の作り出す流行

①**言語** 現代の若者によって使用される言葉は，たとえば日本新語流行語大賞にも象徴されるように，「茶化し」や「ギャグ」のような遊び感覚の要素に置き換えていく表現形態をとるものが多くなっている。こうした表現の流行は，若者の感覚にあっては，シリアスなことをシリアスではなくする効果がある。もとよりシリアスなものは，

彼らの心情にとって異質なものであり，それに向き合うのはくたびれるからであろう。これはテレビCMの「パロディ化」された表現の影響を強く受けていると思われる。

❷消費行動　ファッションや音楽，立ち振る舞い，集う場などあらゆる領域で，若者たちは競うように新しいものを求め，ブームを作りそれを波及させていく。マスコミによる情報や商業主義が若者たちを流行売り込みの標的にしているために，新しいものを求めていながら結果的には周囲と同じものにたどり着いてしまう。それは，現代の若者が，周囲の動向により敏感になっており，自己の創意によって選択や行動決定するというよりも，周囲が認めている価値に自分を合わせることによって適応するパターンが優勢になっているからとも考えられる。しかしながら，マスコミ主導で展開してきた大衆消費社会もバブルの崩壊以降，しだいに成熟消費社会へと移行するなかで，若者の流行に対する反応や意識も今後変わっていくと思われ，本当の意味での「多様性」に開かれた選択が可能になってくるのではないか。

❸パフォーマンス　画一化した消費行動や日常に満足できない若者たちは，「人並」や「普通」を求めながらも，自分らしさの追求を試みている。注目をあびるための自己表現の発露は，ストリートパフォーマンス（音楽，劇，詩を表現）や自作の漫画，ゲームソフト，衣装，小物を売買するフリーマーケット等の活動に表れている。

❹情報収集とコミュニケーション　携帯電話の普及は著しく，その機能も飛躍的に拡大し，コンピューターによる情報収集と結びついて若者の情報化社会への参入を可能にし，コミュニケーションの質をも変えていく。また，こうしたニューメディアの浸透によって，たとえば，インターネットでの個人のホームページのように，テレビのような受動一点張りではなく能動的な探索も可能となってきた。ここでは自分の思考や行動に対する相手の反応を確かめることができるからである。若者の孤立や閉じこもりが話題になる一方，若者の交際・行動の範囲やバリエーションを飛躍的に増大させ，また，論理性と能動性を獲得していく可能性すら秘めているとも考えられる。

3. 異文化接触

　市場経済が世界的な広がりをみせ，人や物や情報などの流通の量も速度も増している現代の国際社会では，国民一人ひとりにとっても，諸外国の異なる文化との接触は，直接的にも間接的にもますます身近になってきている。とりわけ，新しい動向に敏感な若者にとっては，よりいっそう異文化との接触は多くなるだろう。若者にとって具体的な異文化接触の機会は，総務庁が実施している「世界青年の船事業」などの青年国際交流事業，留学生交流の推進，海外旅行の一般化など増えてきている。

学校教育においても，外国語教育の充実のために，外国青年招致事業を行っており，外国語指導助手（ALT）を公立学校に配置することで，効果をあげている。大学，短期大学においては，国際関係の分野を対象とする学部・学科が増加傾向にあり，また，文部省では，21世紀初頭には10万人の留学生の受け入れをめざして整備を進めている。さらに，小・中・高等学校に合わせて1万2,600人いる帰国子女教育の充実や外国人子女に対する日本語教育も推進されている（文部省，1997）。

　このような国際化の流れのなかでは，諸外国と共生しつつ日本の社会の成熟をめざしながら，精神的な次元でも豊かな生活を分かちあうための施策が必要になってくる。教育がめざすべき方向性として，1996年の中央教育審議会の答申では，「国際化と教育」において次の3つの課題を指摘している。①広い視野をもち，異文化を理解するとともに，これを尊重する態度や異なる文化をもった人々と共に生きていく資質や能力の育成を図ること，②国際理解のためにも，日本人として，また，個人としての自己の確立を図ること，③国際社会において，相手の立場を尊重しつつ，自分の考えや意志を表現できる基礎的な力を育成する観点から，外国語能力の基礎や表現力等のコミュニケーション能力の育成を図ることを考慮した教育を進める必要性を強調している。さまざまな諸外国の文化，風土，慣習の異なる場所で暮らす機会が増えている状況では，個人の適応能力が試される場面も多くなり，事故やトラブルに巻き込まれる機会も多くなってくる。法規制の違いなどからも違法な行為や事物への接触などの機会も同時に増えてくるので，個々の的確な判断力と態度が求められてくる。

4. 青年の価値意識と行動様式

　はじめに述べたように，青年文化とは，若者の多くが共有している価値意識，生活様式，行動様式であり，またそれによってもたらされる慣習や風俗といった文化現象を指しているから，それらの諸相を見ていく必要もある。

(1) 人生観・職業観

　青年の価値意識の実態調査（総務庁，1996）では，「人の暮し方」に関しては，図7.1に示したとおり，15～17歳では，「その日，その日を楽しく生きたい」を最も多くのものが望み，18歳以上では，「身近な人との愛情を大切にしたい」が最も多くのものが望んでいる。職業観に関しては，「望ましい職場像」として「人間関係がよい職場」としたものが最も多く，続いて，「自分の才能が生かせる職場」「収入の多い職場」の順になっている。また，最近の総務庁の調査では，転職についての考え方でも，

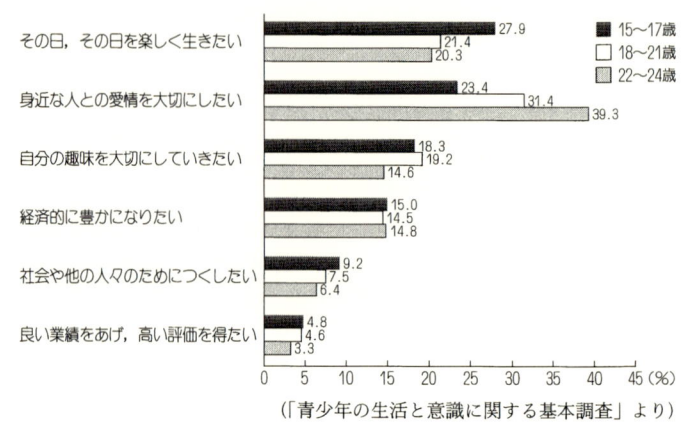

●図7.1 人の暮らし方
（総務庁，1996より）

その日，その日を楽しく生きたい　15～17歳 27.9／18～21歳 21.4／22～24歳 20.3
身近な人との愛情を大切にしたい　23.4／31.4／39.3
自分の趣味を大切にしていきたい　18.3／19.2／14.6
経済的に豊かになりたい　15.0／14.5／14.8
社会や他の人々のためにつくしたい　9.2／7.5／6.4
良い業績をあげ，高い評価を得たい　4.8／4.6／3.3

（「青少年の生活と意識に関する基本調査」より）

「つらくても転職せず，一生一つの職場で働き続けるべきである」と応えるものは1割に満たない。転職を積極的に認めるものや許容的に考えているものが9割近くを占めるという結果になっている（総務庁，1998）。

(2) 最近の注目される青少年の行動様式

「感性の時代」としばしばいわれるが，これは若者が作りだしてきた生活感覚や行動様式と密接であると考えられる。感性とは，普通は感じ取れないような現代社会の微妙な変化や動向の意味を，新しい現象の兆しとしていち早く的確に受け止める感受性を指していうから，若者にあってこうした能力はもっとも顕著に発揮され，文化創造の原動力にもなっていく。しかしながら，こうした傾向は，好ましいものばかりでなく，社会に浸透しつつある好ましくない動向にも若者を敏感に反応させる。

①薬物の乱用に関する意識　最近の青少年の意識として「薬物乱用」についてふれておこう。図7.2からは，違法な薬物の使用を絶対にいけないとする高校生は6割であり，ほかの高校生は許容的ないしは明確に否定する態度を示していない点が注目される。実際に，中・高校生の覚せい剤使用は近年増加傾向にあり，1997年では，警察による補導数が過去最高となっている（総務庁，1998）。これからは，学校教育においても薬物についての正しい知識や態度の育成が必要になってくる。

②性行動と性規範　性の問題もその時代の風潮に大きく影響を受ける。一般にその社会で男女それぞれに期待されている行動様式やパーソナリティの特性を，「性役割」と呼んでいる。これは，児童期までは，主に家庭でのしつけによる役割取得や身近なモデルの模倣によって身につけていくが，青年期以降においては，より社会的な影響

を受けながら性役割形成をしていく。現在の日本の社会的状況を考えると，性に関する知識は，学校や家庭の性教育によってではなく，テレビ，ビデオ，雑誌，コミック，やインターネット等のメディアを通して得られている。商品化された性情報による感化も強く受ける

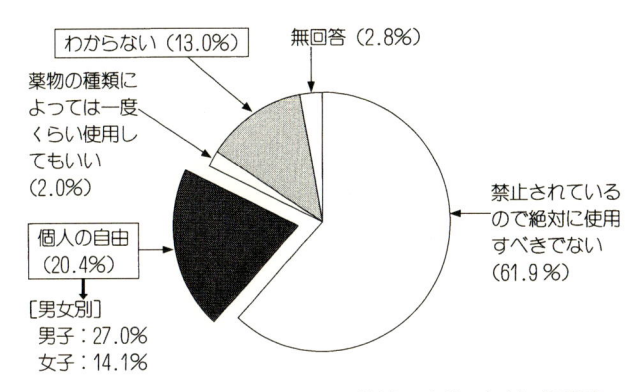

●図7.2 薬物を使用することについて（対象は高校2年生）（総務庁，1998より）

わからない（13.0%）
無回答（2.8%）
薬物の種類によっては一度くらい使用してもいい（2.0%）
個人の自由（20.4%）
［男女別］
男子：27.0%
女子：14.1%
禁止されているので絶対に使用すべきでない（61.9%）

ので，そのために，本来の性の人間的な営みである側面よりも，快楽としての性の一面が強調されて，青少年に伝わっていく危険性がある。性という営みは，異性との真の親密さを前提にしていなければならない。エリクソン（1959）によれば，適切なアイデンティティ（自我同一性）が達成された後で初めて，独立した人格どうしが，精神的にも身体的にも融合し一体化を体験できるとしている。

ここで述べた若者の意識や行動傾向は，本質的な変化というよりは，環境や状況への反応の仕方の変化としてとらえ，メディアも学校教育も家庭教育もこの点を配慮した若者への意味ある関わり方を見いだしていかなければならない。

(3) 青年文化の今後

ここまで見てきたように，青年文化は，大人の支配的文化に対しての，サブカルチャーとしての側面，通過点である側面，先取りする側面，対抗文化の側面などさまざまな意味を見いだすことができる。青年文化は，個人にとっては青年期特有の欲求充足を図り，社会全体としては青年の不満を解消ないし削減させることで社会の秩序を維持させる機能を果たすと同時に，青年文化のもつ進歩性・革新性を吸収することで大人文化の安定性を確保する意味をもつのである。コールマン（1961）のように，若者集団の価値や行動様式が社会にとってより大きな影響力をもつようになるという見方と，フリーデンバーグ（1959）のように，情報操作による社会の管理化の進行によって，青年特有の問題意識が雲散霧消して文化も衰退するという相反する見方がある。かつて，大人からは，「三無主義」「モラトリアム」「しらけ世代」等さまざまに評された青年文化ではあるが，時代の影響を受けながら容易に大きく転換する性格があることを考えあわせると，進歩と後退のいずれの展望も可能なのである。

3部
成長の節目としての危機

- 8 　性同一性
- 9 　「自分」「他者」との出会い
- 10　大人になるということ
- 11　「問題行動」を通して
　　　青年が訴えるものⅠ
- 12　「問題行動」を通して
　　　青年が訴えるものⅡ

8 性同一性

　性同一性とは，生物学的に生まれながらにして備えている性を，心理的に受け入れ，それに対する所属感を肯定的かつ恒常的に保つことができることである。エリクソン(1968)は，「性同一性は，自己概念における一連の発達的危機を抱合した問題である」として，その課題の重要性を述べている。これは，急激な身体的変化を機に現れてくる問題だけに，心理的混乱を招きやすい「危機」としての一面も多分にはらんでいる。

　では，なぜ青年期に性同一性の確立が発達上大きな課題といわれるのであろうか。それは，自己の存在そのものに大きく関わっているからである。それまでの自分とは違う自分，それをいかに受け入れていくか，そのプロセスを経て初めて「男性」「女性」としての自分に向きあうことができる。そして自分が性的にどんな存在であるのかということは，他者とどのように今後関わっていくのかを方向づける基盤として欠かせないものとなる。

　ここでは，青年期の発達課題の一つである性同一性獲得に向けての道のりについて，生物学的次元である性的成熟，社会的次元である性役割の大きく2つの視点から概観するとともに，途中で遭遇する危機についても見ていくことにしよう。

1．性的成熟

　青年期前期にあたる思春期（puberty）の語源はラテン語の（pubertas）に由来し，「成長する・発毛する」という意味をもつ。その言葉のとおり，思春期の始まりは第二次性徴の出現からといえ，性的に成熟するということは，つまり生殖可能であることを意味する。第二次性徴はホルモン分泌の影響により，具体的に以下のような特徴として明らかになる。

　　男性……変声，精通，陰毛や髭などの発毛，骨格・筋肉の発育
　　女性……乳房の発達，初潮，陰毛の発現，骨盤の発育・皮下脂肪の蓄積などによる
　　　　　　ふくよかな身体つきの形成

こうして男女の外見の区別が明確になり，運動能力的，体力的に男子が女子を上回るなど，性差が歴然としてくる。
　元来，思春期のはじまりは第二次性徴の発現とされてきたが，近年，子どもたちの第二次性徴の発現は低年齢化しつつある。また，発現の時期には個人差が大きく見られ，かなりの時間の幅をみる必要がある。また，生物学的な成熟が早まったとはいっても，心理－性的に成熟する時期はそれに追いついているとはいえない。自分の意志とは無関係な，身体の大きな変化を受け止める準備が整わないなかで起きる同年代の子よりも早い第二次性徴の出現は，心身のアンバランスをきわだたせる可能性がある。逆にあまり周りから立ち遅れることも，大人が想像する以上に悩みのもととなるのである。
　次に，性を理解するうえで不可欠な，以下の側面についてまとめてみよう。
❶**性アイデンティティ（sex identity）**　遺伝子－解剖学レベル（生殖遺伝子がxxかxyか，卵巣・子宮，精巣などの有無）での区別によって意味づけられる自分。
❷**ジェンダー・アイデンティティ（gender identity）**　「女であること」「男であること」への日常感覚にともなう社会－文化的意味や期待のなかに分類された自分。
❸**セクシュアル・アイデンティティ（sexual identity）**　性的活動に結びついていく性への好みに表現される自分。
　日本では「性」という言葉はどうしても，性的活動に関するイメージが強いが，実は性に関わるアイデンティティは，上記のようにいくつかの位相を示しつつ「私」の重要な部分を構成している。性同一性の確立がひと筋縄ではいかないのは，これらの諸側面にわたる「性」を統合させていくことが求められるからである。
　しかし，これらの「男らしさ」「女らしさ」を，時期がきたからといって全員が必ずしも自分の性として取り入れることができるとは限らない。「自分自身の生物学的な性（sex）と，どの性に所属感をもてるか（gender）との不一致感や違和感」で根元的な不満や悩みを抱える人々の存在もある。その性のあり方に悩むことは，医学的に性同一性障害と呼ばれ，青年期前期に顕在化することが多い。

2．性役割の獲得

(1)性役割とは

　心理学における「男らしさ」「女らしさ」とは，所属している社会において，それぞれの性別に応じて期待されている性格特性，行動様式，価値観を表し，それらを総称して「性役割（gender role）」と呼んでいる。前述の性の側面では❷に相当する。

性役割は，ある日突然身につくものではなく，長い道のりを経て内在化していくものとされている。私たちは，通常出生時に生物学的にいずれかの性に区別される。そして幼児期から児童期にかけて，周りの大人たちから期待あるいは禁止される行動から，外から与えられる「らしさ」を身につけていく。それが青年期に入ると，性的成熟による身体的変化をきっかけにして，より性差が鮮明となり，男性あるいは女性である自分がクローズアップされてくる。これが，自己意識の目覚めを促進する大きなきっかけとなり，社会的な存在として，「男らしさ」「女らしさ」を改めて自分なりに意味づけ自分のものとしていくことになる。

(2)進路における男であること，女であること

　青年期は，どのように社会参加を果たしていくかも課題の一つになってくる。いわゆる進路選択であるが，そこでも性役割は大きな影響を及ぼしている。それでも「男は仕事，女は家庭」といった認識は少しずつ崩れてきており，近年，男性ならではの仕事に徐々に女性が増えつつある。宇宙飛行士やパイロットも，もはや男の子だけが享受できる夢ではなくなった。1999年に男女雇用機会均等法の改正がなされ，さらにその傾向が促進されつつある。しかし新しい職種への参入は，周囲からの理解を得るまでにかなりの時間を要する。そして男だから，女だからという理由は以前のように通用しなくなるなど，平等はある面では厳しさもともなう。それらも含めて，自由にともなう責任を引き受けることができるかを職業選択の際には志望する職種のみならず考えていくことが，これからはより一層求められるようになるだろう。

　また，進路はいまだ学歴に左右される傾向が根強いが，4年制大学へ進む女子の割合は増えつつあり，ある意味で選択の可能性は広がりつつあると考えられる。しかし，男の子はできるだけ高学歴をめざしてほしいが，女の子には早く結婚して家庭に入ることを望む親はまだまだ多いのではないだろうか。1991年に育児休業法が施行されるなど，以前より女性が仕事を続けていく土壌がかたちのうえでは整ってきている。しかし，仕事に就くことによる自己実現は，それでも結婚や出産など女性であることが壁となりうる。学歴が上がり選択肢が増えることが，より一層ジレンマを生む側面も合わせもつという皮肉な現状も存在している。一方，男性にとっては，「男なら」という暗黙の圧力で，経済的に独立できること，社会的に認められる職業が優先され，純粋に自己実現のための職探しは現実的にはかなり困難である。時代の流れにより変化しつつある部分と，依然根強い性役割に対する社会通念を実際に統合しながら，わが道を選んでいかなくてはならないといえよう。

3. 大人になることへの危機と障害

大人になるということは，新たな自分の発見につながると同時に，つまずきやすい節目を多々含んでいる。それらについて，簡単にふれてみよう。

(1) SOSとしての心身の症状

青年期は，これまで述べてきたように，第二次性徴を中心として，質量ともに身体に急激な変化が起き，今までの身体感覚では対処しきれないような状況に遭遇することになる。そのため，ホルモンなどの変化によりバランスを崩すことから身体的症状が起きやすいのもこの時期の特徴の一つといえる。特に女子では，初潮を迎えると月経による頭痛，貧血，生理痛などといった身体的な不調にとどまらず，月経の前後に気分がふさぐ，イライラする，なかには万引きをしてしまうなど，精神的にも不安定になることがある。また，しもやけや鼻出血が思春期の間だけ著しいなど，思いがけない症状に戸惑う人も少なくない。

したがってこの時期は，些細な体の変化そのものに敏感に反応するようになってくる。この敏感さゆえに自らの体に対するこだわりが強固なものとなり，ひいては自己臭恐怖や醜形恐怖などのように，そのこだわりが尋常ではなくなっていく場合も見られる。さらに，心身症や摂食障害のように，心の葛藤が身体的な症状というかたちを借りて出現しやすいのも，この時期の特徴といえよう。危機的な状況をはっきりと意識できずに，症状というかたちを借りて心の奥底からSOSを出していると考えると理解しやすいケースも多い。もちろん，純粋に身体的な変化による不調もあるが，その場合でも，症状を気のせいと一笑に付すのではなく，何とも表現しがたい，そして原因のはっきりつかみにくい状態そのものに，周りの大人が寄り添う必要が出てくるであろう。

(2) 異性との関わり方

異性に対する意識は，性的成熟と平行し，他者のまなざしが気になる，つまり自己に対する意識の高まりとともに芽生えていく。この時期まで同性のなかでは当たり前のように無意識のなかでなされてきた言動一つひとつが，思春期に入ると，異性の予期せぬ反応，意見を目の当たりにすることが新たな自分の側面を発見するきっかけとなり，他者のなかの自分を見直すことが出てくる。違う性を生きる相手が，自らを写す鏡の役割を果たすことになるのである。中学・高校の頃は，クラスメイトに気にな

る子ができたり，特に女子では，部活の先輩がとてもまぶしい存在になってくるなど，学校生活のなかでも，異性への関心が高まってくる。こうした恋愛感情の芽生えも，そういう意味では性同一性の確立に向けての一歩につながりうる。しかし，この時期は性的な関心が急激に高まる時期でもあり，特に男子は異性に接近したい，触りたいという欲求も強い。その衝動の強さゆえに自分をコントロールしきれないといった，セクシュアリティ（sexuality）の問題も顕在化する。

　現在の子どもたちは，性的な関心をかき立てられるような情報をテレビ，マンガ，雑誌の記事など，実にさまざまな場面で見聞きすることが可能である（ゴールデンタイムに，性的描写が多少なりとも入っていたり，出演者が性にまつわる発言をすることも珍しくない）。したがって，性的側面を受け入れるだけの心的発達が追いつかないうちに刺激的な情報が入り，知識が先行し，衝動に対してどう耐えるか，あるいは性をもつ存在であるということが新しい命の誕生にどれほど重要か，責任をともなうことであるかを学ぶ間もなかったりする。たとえば，売春は援助交際という言葉のもとで低年齢化し，10代にしてすでに相手への真の意味での恋愛感情抜きで，身体接触が金銭のやりとりのもとに成り立ってしまう。これは本来の異性関係からかけ離れたかたちである。青少年に配慮のない「性情報の伝達」の容認から，女性としての自分や自分の価値の確認が，不特定多数の相手と性的な関わりをもつことでなされたりするなど，を深谷（1999）は警告している。

(3) 性被害

　最後に，性をもつ存在ゆえにさらされる危険として，性被害についてふれておこう。一般的に，性被害は女性が受けることが圧倒的に多く，例として露出症，覗き，強姦などがあげられる。その他，ここ数年増加しているストーカー行為は，男女に関わらず被害を受ける可能性がある。いずれも加害者の，異性との関わり方の歪みの一つともいえよう。また，養育者などによる性交，性的暴行，性的行為の強要などは性的虐待とみなされる。女子が被害者になることが多く，相手は実父，伯父・叔父などの近親者や，母親の再婚相手や同居する交際相手などが多い。これらは非常に深刻であるにもかかわらず，社会的にタブー視されているだけに本人も打ち明けにくく，問題が明るみになりにくい。虐待の疑いがあると気がついた者は，児童相談所などへ通告しなくてはならないと児童福祉法第25条により定められている。しかし，内容がデリケートなものだけに，特に学校関係者が手をさしのべる場合は，児童相談所などの専門職員に指示を仰ぎながら慎重に対応することが大切である。

　このような性被害を受ければ，多かれ少なかれ心に傷を負うことは避けられない。

それは，自らの性を葛藤しつつも次第に受容していく，複雑な作業のまっただなかにある青年期にとって，自分の性に対する嫌悪感や拒否感につながり，健全な異性観，性同一性を獲得していく際に大きな障害となりうる。また被害を受けた者は，何とかしてほしい，助けて欲しいと切望する反面，早く忘れたい，ふれられたくないという相反する感情が渦巻きやすい。多少なりとも関わりをもつことになった者は，そのことに対する十分な配慮が必要である。また，心の傷に加え，望まざる妊娠，HIV（ヒト免疫不全ウィルス）をはじめ性感染症の感染という，身体的に二次的なダメージを受ける可能性がある。強姦など避妊に対する配慮がなされない性的行為を強要された場合は，その危険はより高く，新たな心的外傷という悪循環に陥る心配がある。

　以上概観してきたように，私たちが男性として，あるいは女性として人生を歩んでいくことを肯定的に受け止めることは，決してたやすいことではない。「性をもった存在」としての自分を丸ごと抱えていけるまでには，さまざまな壁に向きあうことになる。どうすれば真の意味での性同一性を確立することができるのか，その答えをひとことで表現することは難しく，この問題を性のみに限定して考えることはできない。だがまず，青年期の入り口をくぐった後，自らの性と取り組むためには，その土壌としての，健全な母子関係をはじめとする児童期以前の発達が不可欠といえよう。
　そして，各発達時期を通して，何よりも身近に適切な同性のモデルの存在が欠かせないのである。生物学的な性別を出発点に，社会通念という外枠から与えられる「あるべき姿」，それとともに男であること，女であることに「こうありたい」という何がしかの肯定的なイメージを抱くことができる，そんな同性と継続して接する機会があることは，とても重要である。その根元的な存在は父親であり，母親であるが，彼らを取りまく社会の一つとして，学校現場で子どもたちと接する教師も，怒濤の思春期をくぐり抜けてきた先輩として，同性の（場合によっては異性としての）モデルたる存在になりうることを心にとどめておきたいものである。

9 「自分」「他者」との出会い

　青年期は，子どもから大人への過渡期・移行期である。第二次性徴の発現とともに生殖のための生物学的な条件が整い始め，身体的にも急激に発達する。また，青年期は，子どもが「自分」や「他者」と初めて本格的に出会う時期でもある。児童期までのように無邪気に他者の前で振る舞うことができなくなり，他人に自分がどう見られるかを意識し，他人に言われた言葉の一つひとつに敏感に反応する。

　「自我の覚醒」もしくは「自我の発見」といわれるこの現象は，青年期のいくつかの特徴的な発達が契機となっている。急激な生物的成長もその大きな要因の一つである。大人になっていく自分の身体やこれまで未知であった性をどう受け止め，それとどのように付き合っていくかという課題は，先鋭に意識されやすい。また，青年期には認知的能力が発達し，抽象的思考（形式的操作）が確立する時期である。それはつまり，将来や可能性について考えたり，仮説を立てたり，思考についての思考をするというようにメタ思考が可能となり，内省的で観念的な自己意識の世界を広げていけるようになることを意味している。さらに，対人関係においては，同性との仲間関係を発展させつつ親への依存から分離しはじめ，個性ある存在へと変わっていく。恋愛感情をともなった異性関係が開始されるのもこの時期である。このように青年期は，「社会関係の質的な変化」が顕著な時期である。このとき，それをよりよいもの，自分を成長させるものにするために持続的に試行錯誤することは，自分や他者についての，このうえない内発的かつ実質的な学習体験となる。

　以上のことがらは，青年期の最も重要な課題である「人格の再構成」と深く関わっている。特に青年期後半にはエリクソンのいう「自我同一性」の達成が課題となり，「自分が自分であることに，迷いや動揺を感じる側面と，自分らしくありながら，集団や周りの人々との中で，居場所を確保できているかどうかを意識する部分」（鑪，1998）とが強く意識されやすい。生涯をかけて各人各様に歩んでいく礎を自覚的に築き始めるのが青年期といえよう。

　本章では，青年の「自分」や「他者」との出会いについて，5つの主な局面（自我体験，客体的自己評価，他者認知，価値の発見，進路選択）を取りあげる。

1. 自我体験

　自我体験とは，自分が自分自身であるということを意識化する体験である。土居(1965)は「私自身，数え年9才の頃に起きた最初の自我意識の体験を思い出す。たしかある日，小学校からの帰り道のことだったと思うが，私は突如，自分というものは他の誰とも異なる存在であることを理解した。それは何か電光のように私の幼い心を震撼したことを覚えている。私がどんなに努力したところで，自分と別の存在になることはできず，自分であることをやめることができないという痛切な自覚が，その瞬間私の心に誕生したのである」と記している。また村瀬(1996)は「中学2年だった9月のある日，学校からの帰宅の途中，駅を出て自宅へ向かい，12, 3歩進んだあたりで，突然それまで経験したことのない一種の物悲しさにとらわれたことをはっきりと記憶しています。家へたどりつく前にフーッと消えてしまったほど，特に深刻な経験ではなかったにもかかわらず，今から考えるとやはり私のなかの何かが大きく変わりつつあったのかと思われます」と述べている。この村瀬の体験について康(1998)は，「物悲しさは喪失感と結びついている。それはもはや『子供』ではないことであり，周囲の世界との調和のとれた結びつきの喪失でもある。それまでなじみのあった諸々の外的・内的対象との関係を失う『対象喪失』の体験である」と論じている。

　土居，村瀬のような明澄な自我体験は珍しいかもしれない。が，この自我体験は，自他の区別のみならず主観と客観の分化の成立があって初めて生まれくる。主観と客観の分化をもとに生じる「客体的な自己評価」は，次に示すように青年の一般的な特質といえる。

2. 客体的自己評価

　青年はそれまで主に外界に向けていた目を自分自身にも向けられるようになり，これまであまり気づいていなかった自分というものの存在を意識するようになる。換言すると，対自化，自己の客体化が可能になる。

　たとえばモンテメイヤーとアイゼン（Montemayer & Eisen, 1977）は，児童と青年とでは自分をとらえる観点にどのような差異があるかを自分に関する自由記述から検討し，年齢が上がると，職業的役割，気分や感情の特徴，自己決定感，対人関係スタイルといった，より内面的・抽象的・未来志向的な記述が増すことを見いだしてい

る。わが国でも山田（1981）が小学5年生，中学2年生，高校2年生，大学2年生を対象に20答法を実施し，年齢の上昇とともに対事物・事象関係（外界の事象に対する興味関心など）の出現率が低下し，自己叙述の出現率が高くなるとの結果を得ている。また柏木（1983）は，「子どもが自分の主観にだけ頼った一方的な判断から自己を客観的に認知できるようになると，その子どもに対する他者（教師や友達）の判断と自己評価が一致してくる」こと，それはおよそ12歳前後の，前思春期から思春期にかけての時期であることを指摘している。

客体的に自己評価ができるようになることは，青年に自尊感情を育み，より主体的な自己形成をうながす。と同時に，そういった光の面とともに，他者との過度の比較や理想的自分像などの絶対化，非合理的な劣等感のこだわりといった影の面も含みやすい。特に自分を「まあ，何だかんだ言っても自分にとって代われる人は他にいないし，短所も一杯あるこの自分と自分が付き合っていくしかない，ゆったりと気長に自分を育てていくか」などと，短所も含めて丸ごとの自分として見なせるようになるまでの間，その影の面が人しれない孤独感や無力感，容赦ない自己否定感となって青年を苛み，空想的な自我肥大，自己耽溺，身体への固執などをもたらしたり，時には自殺などを惹起してしまうこともある。

次の詩は12歳で自殺した岡　真史君の数編の詩（高・岡，1976）であるが，客体的自己評価ができるようになるがゆえのしんどさや孤独といったものを教えてくれている。

「ぼくは死なない」	「ぼくはうちゅう人だ」	「ひとり」
ぼくは	ぼくはうちゅう人だ	ひとり
しぬかもしれない	また土のそこから	ただくずされるのを
でもぼくはしねない	じかんの	まつだけ
いやしなないんだ	ながれにそって	
ぼくだけは	ぼくを	
ぜったいにしなない	よぶこえがする	
なぜならば		
ぼくは		
じぶんじしんだから		

人の発達に光だけということはありえない。影につつまれ影も内包しうることで，光がより深みを増し，真の発達となるといえよう。そう考えると，影を共有できる友

人と、「思春期の子どもの孤独を分つには自らの孤独に付き合うしかない」(佐治，1995) との姿勢で自分を見守ってくれる大人（親や教師など）の存在がいかに青年にとって貴重なものかが痛感させられる。

3．他者認知

思春期ならびに青年期はまた，他者をこれまでとは違ったものとして新たに認知する時期でもある。それまで子どもにとって絶対的なよりどころ，安寧の恒常的補給所であった親は，思春期の子どもから，うさんくさく当てにならないもの，なまぐさく性的な存在でもあるもの，つまらない世間を代表しているものなどと見られ始める。自立に向けての心理的離乳には，親をも客観的に公平に把握できるようになること，親と大人どうしの，より対等な関係を樹立することへの自己関与も求められ，これはそれに向けてのほろ苦い一歩ともいえよう。また強烈な他者の出現として，気になる異性の登場や恋愛感情の誕生もある。石田（1979）は，思春期の子ども向けの本で，「異性を『好き』という気持ちは，その底に人間を心で見るという新しい見方が生まれる」ことであり，「『相手の心を知りたい』『相手に自分の心をわかってもらいたい』というように，人間のつながりを心で確かめたいという人間として大事な見方の芽生え」こそ，「自分を相手の心のなかに置いてみるというように，自分を新しく発見してゆくもとにもなる」と述べている。同様に，越智（1998）は「どんなに幼い恋であれ，関係性に根ざした恋には『自我の芽生え（＝他者の発見）』と『親離れ』という共通点がある」と指摘している。

村瀬（1983）は，思春期前半は他者の眼差しを意識し始める他者の出現の時期であり，その後半は「一人一人の他者の背後にある，もっと根源的な『他者一般』ともいうべきもの，世間といったもの」と出会う時期だと論じている。それゆえに一方では，自己意識過剰，対人不安，視線恐怖，対人恐怖などの問題もこの時期に生じやすい。

4．価値の発見

客体的な自己評価や新たな他者認知にともなって，青年はあてがい扶持の既存の価値について自問を始める。河合（1983）は「子どもが真のよい子になるためには，適切な悪の体験を必要としている」と述べている。親の決めていた「よい子」から離脱し，自分なりの価値観を形成する過程には，象徴的にでも悪にふれたり悪の体験を取り入れること，それで果たして自分はどう感じるか，何に価値をおけるかを試行し，

リアルな実感を蓄積していく必要がある。自分にとって本当に大切と思える価値は，一見無意味や逆行と思われる経験もあってこそ浮き彫りにされていく。

　尾木（諸富1996aより）は大学生を対象に，オウムに惹かれた若者の心情を推測させて自分自身に共感できるものがあるかを調査し，大学生たちが推測する入信理由として，1位が「管理社会に埋没するのが嫌で自己実現の場を求めて」であり，2位が「心の空白を埋める人間としての生きがいを求めて」という結果を得た。またこれらは大学生たちが共感できる項目の1，2位でもあった。このことをふまえて諸富（1996b）は，「眩惑的な輝きを放つオウム的な罠にかからないためにも，自らの心の『むなしさ』に蓋をしてしまってはいけない。この問題に自分以外の誰かや何かに頼ることなく，あくまで自分自身で取り組まなければならない」と警鐘を鳴らしている。現実というものは，もともとが混乱や矛盾をはらんでいるのであるから，それらを排除してしまうことはできない。どのような価値によってたつかは，「自分」や「他者」と実際に一つひとつ出会うことで見いだしていくしかないであろう。

5．進路選択

　本来，進路選択とは青年が「自分はどんな人生を生きたいか」「社会のなかで自分をいかに位置づけていくか」など，アイデンティティの確立という課題の具現化の一過程である。そして進路指導・進路教育は，青年のそういった自己探索を支援するためのものである。ゆえに「進路情報は，青年の進路意識を高め，自己の進路への関心を持たせると共に，進路の探索・吟味・計画・準備・意志決定という進路選択の一連のプロセスを効果的に進めるための教育的素材であり，単なる就職情報（求人情報），進学情報（学校情報）ではない」（佃，1993）。自分の興味や適性はどのへんにあるか，何をしていると自分なりに満足感や手応え感があり，しかもそれが自活や自立と結びつきうるか，何をどう身につけていけば自分のイメージする仕事などへ近づいていけそうか，こういったことがらを青年が理解すればするほど，より適切な選択の可能性も自ら開発しやすくなる。青年向けの進路選択に関する学習プログラム（例：進路指導の効果測定のための質問紙を取り入れたもの［小島，1997］，10年後の私をデザインさせるもの［諸富，1996a］）の開発や，発達促進的な進路カウンセリングの一層の充実が待たれるところである。神田橋（1988）は，自由な意志の決断にもとづき自己の人生の進路決定に参加しえたという気持ちをもっていることがその人を支える，と青年期患者について述べているが，これは青年全般にいえることだろう。また，進路決定に参加しえたという気持ちが，青年期以後の長い人生を支える動力になること

が，たとえば立花ら（1998）の，60人余りの人の20歳の頃について，20歳を今生きる青年たちがインタビューし，まとめた著作からもうかがい知ることができる。

茨木（1969）の詩「汲む」の一節に次のような言葉がある。

> 「大人になるというのは　すれっからしになることだと　思い込んでいた少女の頃　立ち居振舞いの美しい　発音の正確な　素敵な女のひとと会いました　その人は私の背伸びを見すかしたように　なにげない話に言いました。
> 　初々しさが大切なの　人に対しても世の中に対しても　人を人とも思わなくなったとき堕落が始まるのね　墜ちてゆくのを　隠そうとしても　隠せなかった人を何人も見ました　（中略）
> 　あらゆる仕事　すべてのいい仕事の核には　震える弱いアンテナが隠されているきっと……　わたくしもかつてのあの人と同じくらいの年になりました　たちかえり　今もときどきその意味を　ひっそり汲むことがあるのです」

村瀬（1996）は思春期について，「大人の側に青年を理解するための拠り所が失われ，しかも中学生時代というのは自分の状況を的確に表現する言葉がなかなか持てないという，青年期の中でも一番とらえどころのない年代なのですから，私達はあらゆる能力を結集して，少しでも彼らの心に迫り，彼らと心を通い合わせる努力を払う義務があると思うのです。（中略）この努力は，結局は大人の側の，より一層の『成熟』を要求するものであるだけに，実現はなかなか難しいことではあります。しかしながら，実は大人自身も今や，成熟が相当に困難な時代に生まれ合わせており，自らの力で成熟をかちとる努力を意識して行なわなければならない運命にあるのです。自らのためにも，若者や未来の社会のためにも，大人の側は『大人としての成熟』という課題は避けては通れないようです」と述べている。おそらくそのヒントの一つに，茨木のいう「震える弱いアンテナ」があり，大人自身が「自分」や「他者」と青年期に，また現在までどう出会ってきたか，その軌跡を「アンテナ」がどう感受し，自分に統合的に位置づけているか，があるように思う。

10 大人になるということ

　本章では,「大人になる」ということについて,まずは一般論から始めてみることにしよう。その後で,「大人になる」ために,そして「大人である」ために必要と思われることをそれぞれ検討してみたい。

1. 大人とは

　「大人」という言葉から,われわれが連想するイメージはどのようなものだろうか。手元の辞書を見てみよう。①1人前に成人した人(自覚・自活能力をもち,社会の裏表も少しずつわかりかけてきた意味でいう),②老成していること(彼は年の割に大人だ),③分別のあること,④(子どもなどが)事情を聞き分けて,静かにしている様子,などがあげられている。
　このなかで特に①の「成人した人」について考えてみよう。成人ということでは,まず物理的な年齢があり,日本の法律では20歳以上を成人とする。20歳になれば選挙権が得られ,飲酒,喫煙,結婚,戸籍上の独立などできるようになる。ただし,被選挙権については,25歳,30歳という別の基準がある。また結婚についても,親の承諾があれば,女子なら16歳,男子なら18歳になれば可能となる。ほかに20歳以外では,自動車の普通免許が18歳から取得可能だし,条例でいう「成人指定」も18歳以上となっている。法律によっては,16歳,14歳(少年法など)という基準も設けられていて,その内容にもよるが,だいたい14歳から30歳の間で大人と子どもの境界線が引かれている。この14歳から30歳という年齢は,実は心理学が考える青年期の区分とほぼ重なっている。
　法律的な年齢はともかく,「大人」ということで普通一般に私たちが考えるのは,職業に就いていて経済的に自立していること,そして結婚して家庭をもち,子どもがいて親になっていること,などではないだろうか。
　しかし現実には,経済的には十分自活し,結婚していても,一時テレビドラマで流行した「冬彦さん現象」のように母親から自立できないでいる大人もいる。また,幼

児虐待のように物理的には親になっているのに，親として機能していない親が増えてきたのも事実だ。また一方では，次のような疑問も起こってくる。それは，現代社会にみられる結婚年齢の上昇や未婚率の上昇は，大人になっていない大人の増加と考えていいのだろうか，あるいは反対に，結婚せず子どもがいなくても大人として成熟している人もいるではないか，といった疑問である。

　このずれは，外的・物理的に大人になる（to become）ということと，内実として大人である（to be）ということとの違いから生じてきていると考えられる。すなわち，前者が内的な準備や条件の整わないまま大人になってしまう，あるいはならされてしまうのに対し，後者は心理的な意味で大人として成長している，ということである。次節では，この心理的な意味を中心に，「大人になる」ために何が必要かを考えてみたい。

2. 大人になるために

　人間の発達において，「大人になる」ということが最も重要なテーマとなるのは青年期である。青年期は子どもと大人の境界に位置し，子どもでもあるし大人でもある，逆にいえば，もはや子どもではない，さりとてまだ大人でもない，という過渡的で非常に曖昧な時期といえる。レヴィンが青年を称して周辺人（marginal man）と呼んだのはこの理由による。子ども時代の終焉と大人の誕生……。この意味で，青年期は死と再生という激動の時代である。

　青年期の心理的発達課題，すなわち，大人になるための心理的条件とは何か，についてここで考えてみたい。ただし，これから述べることはすでに他の章で論じられているはずなので，重複する部分はできるだけ省略し，次節との関連から以下の4点に絞って話を進めていくことにする。

(1) 分離と自立

　分離とは，親からの分離，いわゆる親離れを指す。それまで依存していた対象から距離を取り始め，自立していく過程である。マーラーは乳幼児の観察から，「分離－個体化の過程（Separation Individuation Process）」という理論を提唱したが，青年期では，この分離－個体化のテーマが内容・質を変えてもう一度繰り返されることになる。

　青年期になって親から距離を取り始めるということは，同時に，親との間にそれまであった親密さを喪失していく過程でもある。アンナ・フロイトはこの点に注目し，

これを「喪の過程」と呼び，抑うつとの親近性を指摘している。しかし，喪失するのは親との間にあった親密さや依存だけではなく，すべてを含んだ意味での子ども時代でもある。この意味で，青年期の前半はまさに子どもとしての死であり，その心理的な通奏低音は抑うつであるといえる。しかし街で見かける中学・高校生たちの元気な，というよりむしろ躁（騒？）的な姿からは，うつ的な雰囲気は想像し難い。これはある意味で健康な反動形成ともいえる。なぜなら，逆に抑うつに支配されてしまった場合，引きこもりや無気力，あるいはそこから何とか抜け出そうとして，非行とか反社会的行動といった無理な行動化を引き起こしてしまうからである。

　ここで大きな役割を演じるのが「友人」である（サリヴァンがチャム［chum］と呼んだ同性の友だち）。友人との交流を通して，親との間で失いつつある親密さが補償され，また自分が他者からどう見られているのかという「第二の鏡像段階」を青年は経験していく。そしてこのような体験を経て，彼らはそれぞれ独自の「価値観」や「世界観」を形成していくのだ。

　分離と自立において注意しなければならない点は2つ考えられる。ひとつは親の側の子離れの問題である。親自身が自立していなければ，どうしても自分の存在証明を子どもに求めてくるので，子ども自身の自立が難しくなってくる。こうなると，子どもが就職し，そして結婚した後も，親子が共依存というかたちでもたれ合ってしまう光景が展開されることになる。2つめは，誰にも頼らないのが自立，ではないということ。それは「孤立」であって，真の自立というのは，他者に対して距離をおいた適度な依存ができるということである。

(2) 価値観・世界観の再構築

　青年期では，家族，特に親から引き継いできた考え方を，友人をはじめとする外の社会や世界との比較からもう一度検証し直し，作り替える作業が行われる。価値観・世界観が再吟味されるのである。ここにおいて，価値観をめぐる内面的な葛藤が生じてくる。それまでの安定していた世界がいったん根本的に破壊され，そこに新たな建設がなされるという，神話的・象徴的な意味での「死と再生」の体験がここで起こる。その際，えてして既成のものの否定的側面が拡大して意識されやすく，このことが青年の「大人への反抗」へとつながっていく。これは，一番身近な大人である親との葛藤，あるいは争いというかたちで外在化されることが多く，家庭内では第二反抗期となって現れる。一方，社会に対しては，既成の権威や権力の否定といったかたちをとり，教師への反抗とか政治的ムーブメントとなることもある。この崩壊と再構築，そして反抗は，これまで「教養小説」と呼ばれた数々の小説が扱ってきた永遠のテーマ

でもある。

(3) 性の到来

　第二次性徴の始まる思春期（青年期前半）は，まさに春の到来であり，性の到来をこそ意味している。生物的な性（sex）を内包する自分の体の成熟を心理的にどう受け入れていくか，そして所属する社会・文化のなかで，自分が女性，あるいは男性としてどうその役割（ジェンダー，社会的性役割）を引き受けていくかが重要な問題となる。村瀬（1996）は，「大人と子どもを分けるのは，帰するところ，生物的・心理的・社会的なトータルな次元における〈性〉の在りようの違いではないか」として，彼独自の思春期論を展開している。小此木（1979）はこのことを「Sexualityの内面化」，笠原（1977）は「わが内なる身体との出会い」と，それぞれのニュアンスを込めて呼んでいるが，性というテーマが青年にとっていかに重要なものであるかは，青年期を主題とした数多くの文学作品を思い浮かべただけでも十分であろう。

　青年期における性については，留意しておかなければならない問題がひとつある。それは，性に関する興味本位な情報ばかりが氾濫し，彼らが性に対して抱くもうひとつの側面，すなわち「畏れ」についてあまり考慮されていないという点である。このあたりの心理については村瀬も取り上げているが，テレビドラマ『北の国から』のなかで，主人公の純が女性の胸にばかり視線がいってしまい，ついには眼の病気ではないかと思い悩んでしまうといった場面に，少年の性に対して抱く畏れが的確に表現されている。

(4) アイデンティティの確立

　青年期の課題についてこれまで3つあげてきたが，これらすべてと密接に関わっているのがアイデンティティの問題である。アイデンティティ（identity）とは，アメリカの精神分析家エリクソンが提唱した概念で，日本語では「自我同一性」などと訳されたりしている。青年期ではアイデンティティの確立が重要なテーマとなるが，それは，これまでの自分の歴史を引き受けつつ，そこに新たに連続性をもたせながらこれからどう生きていくのか，という未来への方向性を定めていく作業である。そのためには，社会のなかで今自分がどのような位置づけにあり，どのような存在なのか（自分とは何か），ということをある程度見きわめていくことが要請される。ここで「ある程度」と述べたのは，アイデンティティの確立というものが特に青年期に限られたものではなく，実は中年期や老年期でも継続されていく重要なテーマとなるからである。しかしそれでもやはり，青年期においては，自立した個人として実社会に初

めて参入していくという意味で，アイデンティティの（とりあえずの）確立がとりわけ重要となってくるのである。

3. 大人であるために

前節では，大人になるための条件として，青年期における心理的発達課題を4つ取り上げ，検討してきた。ここでは視点を変え，大人であるために重要と思われることを2つに絞って考えてみることにする。

(1) 選択と断念

先にアイデンティティの確立について述べたが，そのためには，さまざまな可能性のなかからあるもの（あること）を選択するということが必要となる。しかし，ひとつを選択するということは，他の実現するかもしれない可能性を捨てることをも意味している。

現代は多様な情報が洪水のように流れ，あれもなれるのでは，これも実現できるのではという可能性に満ち溢れている。それだけにかえって，現代人にとっての選択がより困難になっているともいえるだろう。情報が増えれば増えただけ，断念しなければならない選択肢も増えるからだ。しかし可能性というのは，選びとらない限り，そしてそれに向かって歩み出さない限り，可能性のままであって現実とはならない。ちなみに，スチューデント・アパシーのひとつの要因として，この広大な可能性を前にして身動きがとれなくなった状態，と考えることも可能である。

あきらめることによって可能性に近づく，という一見逆説的な事実に気がつくことは，大人になるためのひとつの条件であり，大人であるということは，この選択と断念が絶えず繰り返される過程であるともいえる。このことは，別の言い方をすると，自分の能力や置かれた状況・現実を冷静に直視し，受け入れていくこと，すなわち現実との折り合い・妥協を意味している。しかしここには，必然的に葛藤が生じてくる。そして同時に，その葛藤を抱えもつだけの（自我の）強さも必要になってくる。その強さがない場合は，現実を無視した行動に出て失敗したり，不適応を起こしてしまう。あるいは逆に，自分を殺して現実を優先しすぎた結果，人生から豊かな意味やいきいきとした感じが失われてしまう，ということになる。自分の足下を顧みずにはかない夢を追い続け，その結果，飛翔と墜落を繰り返す永遠の少年，逆に，自分にはできないと，限界の早すぎた設定をして夢をあきらめ，一生を不満と愚痴で過ごす人……，結局，この両極の間のどこに身を置くかで，それぞれの個性とか創造性といったもの

が決まってくるのではないだろうか。いずれにしても，その選択と断念を自らの決定として納得し，引き受けていくことが大人であることの条件だろう。

(2) 成熟

　成熟，すなわち大人である，ということを考えたとき，次のような疑問がわいてくる。果たして，どこから見ても完璧な大人，というのが大人たりうる条件だろうか，と。成熟ということに関して，精神科医の中井久夫は次のようなことを言っている。成熟にとって大切なことは，大人でありながら，時として子どもの世界に立ち戻り，そして再び大人の現実に戻れることである，と。彼が言いたいのは，固定した枠に留まっているのではなく，状況に応じて行き来できる自由さだったのではないだろうか。いつでも，どこでも40歳なら40歳というのは，ある意味で大人かもしれないが，自由さやゆとりを欠いた大人は，成熟からはかけ離れた地点に立っているといえないだろうか。

　童話作家の工藤直子はあるインタビュー（朝日新聞，1996年10月17日付夕刊）で，何かに熱中し我を忘れるとき，「赤ん坊だった私」や「青春時代の私」「仕事盛りの私」などがよみがえってくると話し，年齢を重ねていくというのは，心がだんだん豊かになっていくことではないか，と述べている。

　この2人の指摘は，能や歌舞伎といった芸の修業において，まず基本的な型を身に付けることが要求され，それからその型を崩しながら役者の個性を打ち出していくということと，どこか通じるものがある。そしてこのことは，アイデンティティの問題にも共通しているのではないだろうか。青年期においてとりあえずアイデンティティ（社会的な役割，社会という劇場に参加するための入場券）を獲得する。しかしそれで終わるのではなく，その後，中年，老年を迎えても，アイデンティティのテーマはずっと続いていく。このように考えると，大人とは到達可能な終着点などでは決してなく，絶えずそれに向かって歩み続けるという道程そのものを指すのではないか，と思われてくる。

11 「問題行動」を通して青年が訴えるものI
——反社会的行動

「問題行動」や「非行」という言葉は，多義的で誤解を生みやすく，特に，現実に子どもや家族，そして他職種の人と話す際にはいくつか留意しておく点がある。

まず第一に，「問題行動」という言葉自体には，どこか子どもや親を責める雰囲気がある。また経験的にも，「問題児」と呼ばれ，そのような目で見られるようになることで，本当の「問題児」に向かっていく子どもも少なくない。「問題行動」と見えるものが，何らかのよい方向への変化の一つの表現型，あるいは萌芽かもしれないという視点こそ，子どもに向きあう大人に必要とされるものである。

第二に，「誰が」「何を」「どういう理由で」問題と考えているのか，ということである。教師は「問題」と考えているが，家族は「問題」とは考えていないということもある。また，家族のなかでも何を「問題」ととらえるかについて異なっていることがある。まして，当の本人が「問題」と考えていることが，周囲の大人と異なっていたり，また，当の本人が「問題」として自覚していないこともしばしばである。誰が，何を，どういう理由で問題と考えているのかを，頭のなかで描き，整理しておくことが大切で，また，そこに「問題」解決のヒントが隠されていることが少なくない。

第三に，「問題行動」が非行や犯罪ということを意味するのなら，殺人事件などの重大な少年犯罪が基本的には1970年代前半よりも減少し，その後，極端に増加してはいないことに留意しておく必要がある。ときに青少年が凶悪化したような印象を与える報道を目にすることがあるが，実際にどのような犯罪が増加しているのかに留意する必要があるであろう。

1．事例から

(1) 中学3年女子：Aさん

Aさんは，授業中，仲間で教室に入らなくなり，夜遅くまで公園，ゲーム・センター，友人の家などにたむろし，自宅にあまり帰らなくなった。やがて，仲間で万引きや喧嘩をし，シンナーを吸引するようになり，何回かの万引き事件の後，保護観察

処分となった。そのAさんが病院の外来を受診してきた。後になってわかったことであるが，これは保護司の勧めであった。Aさんは，これまでのことをあっけらかんと述べたが，話には深刻さがなくどこか他人ごとのようであった。しかし，いくつか事件に至るには，Aさんだけの責任ではないことの積み重なりのようなものも感じ，筆者は思わず「Aさんも苦労したね」と感想を述べた。

Aさんの受診日には，彼女の仲間も病院を訪れ，やがて芋づる式にそれぞれが受診するようになった（筆者がそれぞれの主治医になると，情報が混乱したり，Aさんの主治医という感覚が薄れるように感じたので，他の医師に主治医を依頼した）。主な話は彼らの苦労話であった。AさんやAさんの仲間が語る，「楽しいことがない」「何もおもしろくない」「何もやりたいことがない」というような話を聞いているうちに，彼女たちが，自分たちをまったくダメな人間で，自分たちの将来に対してまったく悲観的な見方をしていることがわかった。外来では少しずつ自分の生き方を話すようになったが，Aさんはその後も小さな事件を繰り返した。転機は，中学校の卒業で仲間と少しずつ疎遠になっていったこと，父親がAさんの将来のことを心配し，アルバイトを一緒に探すなどの動きを始めたこと，などであった。

「問題行動」は確かに「問題」であることも多く，そのため，出会う人，出会う人から次々と責められ続けていることが多い。彼らがどのような言葉を言われてきたかを知ることが，彼らにとって新鮮な言葉，新鮮な出会いを生む可能性を作る。彼らとの出会いの際には，行動の善悪という価値判断から一度離れ，「問題行動」以外の彼らの生き方に目を向ける必要があるように思う。

(2) 中学2年男子：B君

B君は，中学1年生の頃からクラスの生徒3人ほどに，ファミコンを貸せと言われて持って来させられそのまま取られたり，ロッカーにとじ込められたり，使い走りをさせられるなどのいじめを受けてきた。ある日，いじめっ子の一人が塾でB君を馬鹿にしたため，ついにB君の堪忍袋の緒が切れ，殴りあいの喧嘩となった。B君が反撃するのは初めてで，そのあまりの剣幕にいじめ子はボコボコにされて逃げて帰った。B君は勝ったわけだがそのまま興奮状態が続き，塾で数人に取り押さえられても興奮は納まらず，親と警察が呼ばれ夜10時にパトカーで精神科病院に受診となった。

診察室で話を聞き始めると，「ずっといじめられてきたんじゃー！ くそー！ 殺してやりてー！」と言ってワーワー泣きだした。筆者はB君に，「君は悪くないし，病気でもない。ただこの興奮は静めないといけない」と繰り返し説明し，少しでも休養をとれるようにと向精神薬を処方した。そして，2日ほどは学校を休むよう指示し

て帰した。翌々日に母親が来院。本人は翌日は夕方まで起きれず。母親は「登校したらまた何が起きるか心配。ここにカウンセリングに通わせたほうがよいでしょうか」と不安がった。対人関係のつたなさ，衝動抑制力の問題は認められたが，ここで治療を受けさせると本人をみじめにして予後を悪くすると判断。「警察に保護までされて，さらに病気扱いされたら本人の立つ瀬がないでしょう」と母親に説明し，その後何回か面接や電話で母親を支えた。その後B君は登校し，特に問題ないとのことであった。

　B君の衝動行為は「問題行動」といえるかもしれない。しかし，この行動に至るまでの歴史を考えたとき，これを「問題」ととらえて教育相談やカウンセリングを行うことや，「病気」ととらえて「治療」を行うことが子どもの将来にプラスになるとは限らないことに留意しておきたいものである。

2. 子どもの「本当の姿」とは

　私たちは，目の前の子どもの言動を見ながら，子どものイメージを抱く。たとえば「この子はわがままで，協調性がなく，人の話を聞くことができない」などと。そして，それが「本当の」子どもの姿であるとあまり疑うことなく信じやすい。

　しかし，実際には，子どもは，対する人や集団が変わることによって，表してくる姿が異なるものである。だから，母親や父親が抱いている子どものイメージは，教師とは異なることが多い。

　それだけではない。教師の目の前の言動と，教師がいないときの言動は異なるものであるし，家族だけのときの子どもの言動と，家族に友人が加わったとき（たとえば，友人が家に遊びに来たとき）の言動は，微妙に（ときには大きく）異なる。また，食卓の雰囲気などは，家族の構成メンバーの変化によっても（たとえば，父親の帰宅時間が遅い，兄弟姉妹が修学旅行に行って不在であるなど）異なるものとなる。

　このように考えていくと，子どもの「本当の姿」という言葉によって表現されるような確固たるものは，実際には存在しないのかもしれない。本来，人間の姿とは，輪郭のぼんやりとした可塑性のあるものかもしれない。そのような眼で見直してみると，子どもは眼前の人との関係のなかで，一瞬一瞬，微妙に異なった姿を表しているように見える。だからこそ，いい意味で「人が変わる」ということが起こるのであろう。

3.「問題児」という眼差しが作るもの——自身の眼差しを疑うこと

　眼差しが人を作る，と言ったら言い過ぎだろうか。しかし少なくとも，「あなたは

ダメな子だ」と言われ続けて，実際に「いい子」(この場合も多くの場合は大人にとってのいい子であるが)になることは難しい。「ダメ」「ダメ」「ダメ」と言われ続ければ，自分に対して「ダメだ」というイメージを抱くようになるだろう。周りの人間が「問題児」という眼差しで見るということが，些細な「問題」をより大きく深刻な「問題」へと導く可能性がある。「問題児」と意識したときから，周囲の眼差しは，子どもの「問題」探しとなりやすく，子どものいい面には目が向かなくなりやすい。それだけでなく，「問題児」という眼差し自体がすでに子どもを責める雰囲気をもっている。そのようななかで「いい子」になる機会が奪われてしまう。

　しかし，ここぞというときには「問題」をきちんと正面から指摘し，改善を求めることも重要である。その際は，まず子どもの言い分を十分に聞いたうえで，子どもが理解できるように説明し，「問題行動」をやめるように話す必要がある。

　逆にいえば，教師の仕事とは，子どものいい面や伸びていく芽を見いだし，そこに周囲の眼差しが注がれるようにすることなのであろう。

4. 連携について

　親であれば，家での言動がその子ども像を作りやすいし，教師であれば，学校での言動がその子ども像を作りやすい。子どもの「問題行動」を考えるとき，親の子ども像と教師の子ども像がくいちがいやすいことに留意したい。

　親にとっての「いい子」「普通の子」が，教師にとっては「問題児」であるようなくいちがいが，しばしば起こるものである。そのようなとき，親から見れば「理解のない教師」のように見えやすいし，教師から見れば「理解のない親」に見えてくるもので，そこから，教師と親との間の不信感が芽生えてくることも少なからずある。

　周囲の大人が集まって，それぞれの子どもの情報を交換することには一長一短があり，慎重さを要する。「問題行動」の情報交換は，「悪い子」という情報を皆が共有することになり，「悪い子」のイメージが増幅される可能性がある。しかし，本来，情報を共有する際には，子どものいい面や伸びていく芽を知るということにより力点を置きたいものである。

　前述したように，一人の大人の目に映る子どものイメージはある意味では子どもと当の大人の関係のなかで現れてくる平面的なものである。情報を交換するということは，誰の情報や理解が正しいかという問題ではなく，さまざまな関係や場のなかでの子どもを知ることであり，異なった角度から光を当て，子どもを立体的に理解してい

く作業といえるかもしれない。それが，それまで影になっていたところに，光を当てていくようなものになればと思う。

前述したが，子どもは学校や家庭で異なった姿を示す。それは，それぞれの関係や場が異なっているからである。ところが情報が共有されてしまうと，それぞれの関係や場のなかで子どもが異なった姿を現す可能性を奪ってしまい，画一的な姿として固定してしまいやすい。

病院の外来という狭い世界ですら，診察室と待合室とで子どもの姿は変わっている。筆者は，24時間，いつでも，どこでも「問題児」である子どももいないように思う。

5. 子どもの側から見た教師

「問題」を抱えた子どもの側から，教師を少しながめてみよう。彼らが述べる教師像にはいくらか共通したところがある。

①**教師に悩みを打ち明けてもよいことにはならない**　たとえば，いじめを受けている子どもが，「先生に言っても，よくなることはない」としばしば感じている。先生にいじめられたことを話すと，先生はいじめた子を叱り，いじめた子は「お前，チクッただろう」とさらにいじめるようになることを，多くの子どもは経験的に知っている。ごく基本的なことであるが，教師は自分の「指導」がどのような結果（プラスもマイナスも）を招くのかを予想し，さらにそれに対する対応まで考えておく必要があるであろう。

②**教師の言っていることは理屈があわない**　たとえば，教師に「理由を言え」と言われ，理由を説明すると「言い訳はするな」と言われた。「授業について考えていることがあるのなら何でも言ってみなさい」と言われ，考えを話すと，それ以後通信簿に「2」をつけ続けられた……，など。筆者は，教師がものわかりがよすぎることにも問題があると考え，「ほどよい理不尽さ」（青木，1998）の必要性を述べたことがあるが，現実は過剰な理不尽さに子どもたちが怒っていることのほうが圧倒的に多いように思う。

③**教師は「フツーの子」には厳しいが，本当に「悪い子」には何も言わない**　教師は小さなルール違反（服装違反や遅刻など）には厳しく，大きな逸脱行動（暴力を振るう，教室に入らないなど）には何も言わない。この場合も子どもたちは教師の理不尽さを感じている。

これらは子どもの言い分であり，もちろん教師には教師の判断があるであろう。しかし，少なくとも子どもはそう感じているということを知っておくことは重要である。

少しここで，ほどよい理不尽と過剰な理不尽との区別について述べておきたい。ほどよい理不尽とは大人がある程度，自身の理不尽さを自覚している理不尽である。「いけないことはいけない」「死んではいけない」というような言葉を子どもに言うときを思い浮かべていただいたら，その感じがいくらかでも伝わるかもしれない。理屈抜きに言わなければならないことがある。

6. 援助の指針

①子どもの自尊心，プライドを尊重する　髪の毛を染める，脱色する。皆と違った格好をする。教師は身なりや服装の変化を，子どもの「問題行動」の初期のサインととらえ，それをやめさせようとする。その結果，身なりや服装の指導が行われる。しかし，髪を短く切らされた子どもや，極端な例ではあるが，もともとの髪が茶色っぽい子を黒く染めさせたなどの子どもたちの話を聞くと，子どもたちは明らかに深く自尊心を傷つけられている。極端な例かもしれない。しかし，「問題行動」の際でも，子どもの自尊心を傷つけないアプローチを考えたいものである。

②大切にされる体験，見捨てられない体験　スクールカウンセラーとして中学校に入っているベテランの精神科医が，荒れている中学生と話し，彼らの多くが「見捨てられた」経験をもち，大人に対する不信感を抱いていることを指摘した。確かに思い当たることである。「どうせ，お前なんか，いなくてもいい」と言われる体験が，どこかで「どうせ，私なんか，どうなってもいい」という言葉に反転する。

　少なくとも，子どもに善し悪しを伝える前に，あるいは叱る前に，子どもが十分に「自分の言い分を聞いてもらった」と感じることが大切となる。

③静かに止まって考えてみること　「何か困ることは？」「──別に」「悩むことは？」「──別に」「つらくないか？」「──別に」。実際，しばしば彼らは明るく，決して暗くはない。しかし，彼らの日々の過ごし方を聞いていると，彼らの頭には自分の現実や将来に対する不安や恐怖がしばしばよぎり，そのようなときに物を壊したりバイクを暴走させたりシンナーを吸引したりなどの，行動をとることによって自分の不安を解消しているのがわかる。彼らは，周りを悩ませるが，少なくとも自覚的には悩みはないか，悩みがないように振る舞っている。

　彼らにとっての課題は，ふと静かに止まって考えてみることなのだと思う。

　そのためには，子どもに関わる大人が，許容できることとできないことを明確にし，許容と受容とは異なることを理解しておく必要があるであろう。

12 「問題行動」を通して青年が訴えるものⅡ
——非社会的行動

1. 不登校・引きこもり

　非社会的行動としての「問題行動」には，不登校，引きこもりをはじめ，強迫行為や選択緘黙（場面緘黙）などさまざまなものがある。しかし，ここでは学校現場で最も生じる頻度の高い不登校，引きこもりをとりあげる。なお，「問題行動」という言葉自体がもつ問題については，前章に記したのでご参照いただきたい。不登校は10万人を超えて増加しつつある（小学校・中学校の年間30日以上の欠席。文部省，1998）。不登校は多様であり，必ずしも家庭に引きこもるとは限らない。不登校でも家庭に引きこもらない子どももいるし，引きこもりが不登校と関係のない場合もある。本章では，主として家庭に引きこもる不登校の子どもたちを中心に述べる。

　まず基本的なことは，精神医学的な意味ではほとんどの不登校は病気ではないということである。そういう意味で，精神医学的な治療が必要な場合はきわめて少ない。しかし，病気ではないことは苦しくないことを意味するものではない。引きこもった子どもは決して「気楽な」「のんびりとした」状態ではなく，現状や将来への不安や焦りで慢性的な「ハラハラ・ドキドキ」状態であることが多い。そのような苦しみに対して，何らかの援助が役立つことは少なくない。

2. 不登校の類型

　不登校にはさまざまな類型化が行われているが，ここでは，いわゆる「神経症的」と呼ばれるような「学校に行かなければならない」という思いと「行けない・行きたくない」という思いとの間で葛藤が見られるタイプと，「怠学型」とか「無気力型」と呼ばれたりするような「学校に行かなければならない」という思いの薄いタイプとの，2つに分けて考えてみたい。この2つは，ある意味では両極であり，実際の不登校は，「学校に行かなければならない」という思いの程度によって，この両極の間に位置づけられる。時代の流れとしては，「平均的」な不登校が，前者のタイプから後

者のタイプへと移行しているような印象がある。

　「学校に行かなければならない」という気持ちと「行けない・行きたくない」という気持ちの間で葛藤の強いタイプは，家庭のなかでも「ハラハラ・ドキドキ」状態が続くことが多く，たとえ布団のなかにもぐり込んでいても，身体は緊張のためにコチコチであることが多い。そして，自分の人生が「幸せと成功へのレール」から脱線し，もう幸せや成功というものが手に入れられないと信じていることも少なくない。「身体は休んでいるように見えても，心は少しも休めていない。いつも『ハラハラ・ドキドキ』状態でとても苦しいんだよね」と言ったとき，突然，目を潤まし，息せき切ったように話し始めた子どもも少なくない。特に，本人と家族を前にして「子どもの苦しみ」を伝えることが，子どもと家族と学校の間の緊張をゆるめ，援助者と子どもの関係を実りあるものにするきっかけになることがある。

　「学校に行かなければならない」という気持ちの薄いタイプもさまざまである。自分の意志で不登校を選択している子どもたちもいる。これは一つの生き方であり，いわゆる「問題」ではない。一方で，現状を変えたり，将来に積極的に取り組もうとする姿勢がおもてには現れず，とりつく島がないような場合もある。彼らは，テレビを見，テレビゲームをし，仲間とも遊び，自覚的にも悩みを否定することが多い。しかし，彼らの言動の端々に「どうせ，私なんか，これからいいことないんだもの」とか「何にもおもしろいことがない」というような先行きの暗さや自己評価の低さが見え隠れすることが少なくない。彼らは「苦しい」とは言わないし，周りも彼らが「苦しんでいる」とも思わない。しかし，「苦しみ」が明確にできない分だけ，彼らの苦しみは前者のタイプよりもいっそう強いようにも思う。

3．不登校の理解

　不登校・引きこもりを考えるとき，時代・文化というようなマクロの視点と，個々の子どもに応じて考えるというミクロの視点とを区別する必要がある。個々の子どもの援助をする際には，マクロな視点もミクロな視点も不可欠である。

　マクロの視点から不登校・引きこもりの増加を考えると，画一化，同質化を基本としてきた学校教育という枠組みに，多様で個性的となった子どもたちが収まらなくなった現象と見ることもできる。また，同時に忍耐や我慢などの自己抑制を価値あるものとする集団優位な社会から，より個々の欲求を尊重し自己を抑制しないことが価値あるものとする個人優位な社会への移行は，おのずと「嫌なもの」「嫌なこと」を我慢する閾値を低下させてきているであろう。

ミクロな視点から不登校・引きこもりを考えると，①子どもの通っている学校のシステムや雰囲気，②子どもの友人や仲間との関係，③子どもの家族の価値観や家族との関係，④子どもの性格や価値観などが複雑に絡まっており，個々の事例に即して検討することが求められる。

不登校という現象には，このマクロとミクロの両面を視野に入れておく必要があり，どちらか一方だけを取り上げて不登校という現象を論ずることは意味がない。

4．不登校の援助

(1) 基本的なこと

まず，大切なことは，学校に行かない子どもは「精神力が弱い」「甘えている」というような考えから自由になることである。基本的には，子どもは学校という枠に収まりきらないだけであって，「弱い」「甘えている」というようなものではない。「弱い」「甘えている」と周囲の人から見られることが，二重三重に子どもを追い込み，苦しめることが少なくなく，しばしば不登校・引きこもりをこじらせ，長期化させる。「子どもを強くして学校に戻す」という発想からは，建設的なものは生まれない。それは多様化・個性化した子どもを，一昔前の「期待される子ども」に戻そうとする逆行する作業でもある。

だからといって，子どもを学校に戻す援助がよくないということではない。学校に行っていない子どもの一部は，「学校に戻れたらいいな，行けたらいいな」と願っているのも確かである。学校に行くことを目標とした援助があって然るべきだと思う。しかし同時に，学校に行かず自分の人生を自分なりに歩んでいくことを援助することも大切である。学校以外の道を通っても，自分の人生の「幸せや成功」に通じていると実感できることが大切である。それに対して大人の側がしなくてはならない仕事として，子どもたちに多様な道を準備していくことや，大人が自身の幸福感や価値観を問うことなどたくさんのものがある。また，本来の学校のあり方について根本的な見直しが必要なことはいうまでもないであろう。

もう一つ，具体的な援助に話を進める前に，どの子にも有効なマニュアルや公式のようなものはないことに留意しておきたい。たとえば，一時期，絶対の公式のようにいわれた「登校刺激を加えない」というものでさえ，単なる指針の一つにすぎない。周囲の大人がそろって登校をうながしていた時期に，「登校刺激を加えず，休みを保障する」ことは子どもにも家族にも学校にも，新鮮な意味ある助言であった。しかし，「登校刺激を加えない」ことが周囲の大人の対応として定着したとき，それは「子ど

もと関わりをもたない」という消極的な姿勢となったり、「登校させようとする試みはすべてよくない」というような誤解を招くようになってきている。実際には「登校刺激を加える」ことが大切な子どもも少なくないように思う。

　マニュアルや公式が作られるときには、それなりの背景がある。しかし、自身の判断より先にマニュアルや公式に従うより、教師とは、まずは心からの熱意と自分の感性につき動かされた仕事をするべきではないだろうか。

(2) 教師がするべき協力

　「不登校は最初の一週間が重要」で、この段階で家庭訪問や同級生の働きかけ等によって長期化せずにすんだと考えられる事例は少なくないと田蔦（1998）は指摘しているが、筆者も同感である。初期の数日から1週間は、登校できなくなった原因を探り、登校に向けて周囲の環境を調整し、再登校を目標としたアプローチが大切である。1週間程度の休みであれば、教室の敷居もあまり高くない。休みが長期化すると同級生の反応などを意識し、教室の敷居が二次的に高くなる。

　休みが長期化するようであれば、異なったアプローチが必要になる。家庭訪問は「登校刺激」になるからしないほうがよいと考える人がいるが、家庭訪問自体は多くの場合「登校刺激」ではない。無理やり、子どもに会おうとすることや、登校を約束させることなどは悪影響をもたらしやすいが、教師が訪問するということ自体は、「教師は子どものことを忘れていない、教師と子どもはつながっている」という絆を感じさせるものであり、多くの場合はプラスに働くように思う。不登校・引きこもりは、人間関係が少なくなる方向に導きやすい。子どもの顔を見なくても、家を訪ねるだけでも意味があるだろう。

　共感的、受容的に接するという言葉がよくスローガン的に用いられる。確かに共感的、受容的態度は大切なものである。しかし、それは同時に「いけないものはいけない」というきぜんとした厳しい態度に裏打ちされたものでなければならない。教師には、この相矛盾する態度をその教師の個性に合ったかたちでほどよくバランスをとることが必要になる。さらに、教師集団という視点で考えると、学校が子どもに援助的であるということは、教師がすべて共感的、受容的になることではない。厳しい教師、優しい教師などさまざまな教師がいて、お互いがそれぞれの違いを認め信頼関係を築き、集団として、バランスのとれていることが全体として質のよさというものであろう。

⑶ 家族にしてもらいたい協力

　子どもが不登校になると，家族のなかで「原因探し」が始まり，それはしばしば「犯人探し」となりやすい。「何が悪かったのか」と問いつめていくと，それまで表面化していなかった家族関係の問題が顕在化してくることがあり，それぞれの「育て方」を責め，家族がバラバラになることがある。このような過去指向的な原因探求を一時，棚上げにし，「この今，そして近い将来に，家族が子どものために協力してできることは何か」について考えるほうが実りがある。

　また，子どもが不登校になると，親の心のなかで子どもの不登校が最大の関心事になりやすく，親の視野が狭くなりやすい。確かに，不登校は親を心配にさせる。しかし，「しばしの休養期間」「一時停車」くらいに考え，不登校を親の心の最大の関心事にしないことが大切である。そして，親が親の人生を犠牲にしたり，親の世界を狭くせず，親の人生を楽しむことが大切である。親の人生において子どもの不登校の比重が小さくなることが，子どもの心のなかでの不登校の重荷を軽くしてくれるのではないだろうか。

⑷ 援助者としての協力——事例から

　不登校や引きこもりを援助する際に，①引きこもって堂々巡りや悲観的な考えに傾きがちな子どもが，いかにしたら「動きながら考える」という姿勢を身につけることができるか，②子どもの分断された親や学校との関係，そして内的世界と外的世界との関係を，いかに「つなぐ」か，③子どもにとって絶対的なものになりやすい学校をいかに「相対化する」か，というような視点が重要になる。

①動きながら考える　C君は，中学1年生から，不登校となり家庭に引きこもっていた。テレビゲームが主な遊びであったが，やがてコンピューターに興味をもち始め，コンピューターを買ってパソコン通信をやりはじめた。

　中学校は登校しないままに卒業したが，彼には夢があり，それには高校卒業資格が不可欠であった。彼は，パソコンで自分の行けそうな高校の情報を集めはじめた。いくつかの高校がリストアップされ，そのなかで，どれにしようかと迷って私に相談にやってきた。筆者はC君に，「君はもう十分に情報を集めた。それはとても意味があることだと思う。でも，どの学校かを決めるためには，もう少し違った情報が必要だと思う。それは学校の雰囲気というようなもの。じつはそれがとても大切なのだと思う。学校の雰囲気を知るために，学校に行ってみよう。門をくぐって，校舎のなかに少し入ってみてもいいし，学校の周りをゆっくりと一周してくるのもいい。できれば

休憩時間にもれてくる声が聞けたらいいね。いわゆる実地調査をしてみたらどうだろうか」。

青年には，少ない人生経験を素材として，論理的に考え，自分の将来について悲観的な結論を導き出すという特徴がある。そこには，現実経験というフィードバックがかかりにくい。そのために，現実の経験をいかに豊かにするかという課題が出てくる。

しかし，引きこもった子どもに「外にでよう」というのは，まさに絵に描いた餅である。子どもは外に出られないからこそ，困っているのである。筆者は，子どもが少しでも気楽に外に出れるように，「1日でいいのでは」とか「1回のつもりで」などということがある。「きちんとやらなければならない」「長続きしなければならない」「休んだらいけない」などのさまざまな思いが，青年の第一歩を封じてしまっていることが少なくないからである。

「やりながら考えてみよう」と筆者はよく話す。動くと違った景色が見えてくる，違った人に出会うことがある。それが，袋小路のように見える彼の人生に風穴をあけてくれるように思う。

❷つなぐ　援助者には，子どもと周囲の大人の間をつなぐ，内的世界と外的現実をつなぐ，など「つなぎ手」（村瀬，1995）としての役割がある。

D君は小学校高学年頃より，砂糖やガラスの小さな破片などの粉やチリに恐怖心を抱くようになり，それらが手に付いたのではないかと繰り返し手を洗うようになった。また，気に入らないことがあるとカッとなって暴れ，はさみでズボンを切ったり，弟にはさみを突きつけて「殺してやる」というようになった。中学校に進学し，登校できなくなり，D君の行動がいっそう，激しくなったため，耐えかねた両親が，入院や施設入所を希望して病院や児童相談所をたずね，通院を勧められ筆者の外来を訪れることになった。

初めて出会ったとき，D君は，筆者の質問に対してほとんど「別に」としか答えなかった。しかし，その後の両親の話では，自分の部屋が汚れることを極度におそれ，風呂からも身体を拭かずに自分の部屋に戻るという状態であった。弟に自分の遊び相手になることを求め，夜遅くまでゲームにつきあわせようとし，それに従わないと暴力を振るうため，弟も両親もくたびれ果てた状態であった。両親は，このようなD君の状態に何もしてくれない病院や児童相談所に対して，そしてその延長上にいる筆者に対しても怒っているようであり，同時に自身への無力感も強く感じているようであった。

しかし，暴力を振るうときは，彼なりの理由があることも多いようで，彼のイメー

ジのなかの「自分の世界」（彼なりに努力して，彼なりの手順で安全に保っている世界）を汚された，危険にされたと感じることが，原因となることが多いように私には思えた。「わがままで，自分勝手で横暴」と両親は述べたが，何か「彼なりのこだわり」のようなものを感じた。具体的には，筆者なりの「彼の世界」のイメージを伝え，彼は「わがまま，自分勝手，横暴」なように見えるが，彼なりに「やむをえず」やっているところが少なくないのではないかと思うと伝えた。そして，彼独特のこだわりや風呂の入り方を尊重することなどを話し，D君と両親に定期的な通院を提案した。

　D君と両親はその後，定期的に来院した。D君は，当初は「別に」というくらいで，回転式の背もたれイスにもたれてぐるぐると回っているだけだった。両親は，彼の「わがまま，自分勝手，横暴」などを怒りを込めて語り，否定的な思いが拭えないようであった。しかし，しだいに「確かに，この子にはこの子なりの理屈があるみたい」と言い，「この子のやり方を尊重すると，荒れることが少なくなってきた」と言うようになった。

　D君は，最初は，病院の帰りに漫画を買ってもらうという約束で来ていたようである。当初はほとんど話さなかったが，しだいに言葉数が増え，TV番組，それも午後9時台のトレンディ・ドラマが楽しみであることなどを話すようになった。トレンディ・ドラマにうとい筆者は，番組のあらすじと見どころを教えてもらった。その説明を聞いていると，彼が番組の人間関係の複雑さにしばしば自身を重ね，ドラマのなかで芽生える恋愛などに興味があることなどが感じられた。面接の終わりにさりげなく「さようなら」とか「ありがとう」と言うようになり，一人で外出もできるようになった。1年半近く経った頃だろうか，テレビゲームが好きなD君は，パソコン部に入ってパソコンの勉強をしたいと言い始め，学校に行くようになった。その頃には，「自分の世界」へのこだわりもずいぶんと軽いものになっていた。

　D君の援助の一つは，親のD君に対するイメージを変え，親とD君の間をつなぐこと，D君と現実世界との間をつなぐこと，などから始まった。特にD君の行為を，「わがまま，自分勝手，横暴」なものではなく，「やむをえず」行っているものであると伝えたことが，D君と家族が変わる契機となったように思う。

③学校を相対化する　Eさんは，中学1年の途中より不登校となり，家庭に引きこもっていた。不登校のまま中学校を卒業，2年後に，高校に進学することになった。4月より，1日も休まずに学校に行き，4月末に会ったときには，疲れが顔に現れていた。「あなたはこれまで学校に自分を合わせようと頑張ってきた。しかし，これからは自分が学校を利用する番ではないか。適当に休み休み行こうよ」と筆者はEさんに

話した。学校に自分を合わせることから，自分に学校を合わせるという発想の転換が大切なように思ったからである。

　学校という場は，本来，通過していくところであり，「学ぶ」ための一つの手段である。ところが，学校に行くこと自体が意味のある目的のように思われることがある。これは誤解ではないか。自分の人生をよりよくしていくために，より人生を楽しむために，学校という場を利用させてもらうという利用者としての発想が大切に思う。そうするとおのずと，疲れがたまったら休む，自分に役に立たないと思うものは欠席オーバーにならない程度に休む，などということになる。自動車学校や予備校では手段と目的が混同されることはないが，小学校，中学校，高等学校などではなぜか手段と目的が混同されてしまいやすい。しかし，あくまでも学校は長い人生の自己実現のための手段であり，生徒は利用者であることを忘れないようにしたい。学校に行くことが目的となり，子どもの人生が忘れ去られるということだけは避けたいものである。

4部
青年の成長と変容への支援

- 13　教師とカウンセラーの違い
- 14　理解する教師
- 15　学級集団の力
- 16　学校内での支援体制
- 17　外部機関との連携
- 18　成長・変容を支える
　　さまざまな心理技法Ⅰ
- 19　成長・変容を支える
　　さまざまな心理技法Ⅱ
- 20　青年にとって魅力ある教師

13 教師とカウンセラーの違い

　近年わが国の小・中・高等学校においても，臨床心理士等の専門的技能を有したスクールカウンセラーが配置されるようになってきた。現場の事情は地域や学校によってさまざまだが，どこでも教師との連携は非常に重要になっている。ここでは，そうしたカウンセラーと教師の一般的な相違を記述し，望ましい連携のあり方を探りたい。

　ここでは，筆者が大学でカウンセラーをしていたときに記した「学生相談と学校教育」を参考にする。表13.1は教師とカウンセラー，表13.2は生徒とクライエントの一般的差異について示したものである。

　まず，この表に記したことのほとんどは，あくまで一般的傾向を示すものであって，それぞれの間に面積ゼロの境界線が截然と引けるわけではないことをあらかじめ断っておきたい。両者はいわば「中心点がズレている」のである。結論から先に述べると，

●表13.1　教師とカウンセラーの一般的相違

	教師	カウンセラー
目標	知識や技能の伝達	心理的問題の克服 人格的成長の促進
重視される価値観の所在	教師	クライエント
手段		
場面	教室や運動場 （日常世界）	カウンセリング・ルーム （非日常世界）
仕事	授業やクラブ活動	心理学的カウンセリング
対象者数	多数	個人
専門家の主な仕事	話すこと	聴くこと
話される内容	外界（客観的事実）	内界（主観的事実）
課題の決定権の所在	教師	クライエント
結果の評価		
位置づけ	集団内の位置（相対的）	個人内の発達（絶対的）
頻度	定期テスト	毎セッション
フィードバック	ポジティヴとネガティヴ	ポジティヴ
国家資格	有	無

◉表13.2　生徒とクライエントの一般的相違

	生徒	クライエント
目標	単位や資格の取得 集団内地位の向上 上級学校への進学	苦悩の完全な除去 情報やアドバイス（正解）の獲得
手段	授業やテストへの出席 外界（能内）の表現 練習や暗記	カウンセリングを受ける 内界の表現 日常での課題遂行

このように中心的機能が違う専門家が互いの特質を生かして，個々の学校や生徒の状況に応じて，柔軟なかたちで連携をとることが，最も望ましいあり方になると思われる。

1．目標の違い

　一般に，教師の仕事が「生徒に知識や技能を教えること」であるのに対し，カウンセラーの仕事は「クライエントの心理的問題の克服を援助すること」である。心理的問題の克服は人格的成長と同義とみてよい。

　ただし，本シリーズのいたるところで書かれているように，教師も生徒の人格発達に寄与することを相当に行っているし，カウンセラーも知識や技能を伝授することがある。特にわが国では，心理カウンセラーの養成が著しく遅れていたこともあって，教師に生徒の人格的発達を促進する機能が強く要請されてきた。実際，今日まで，多くの教師が非行等の反社会的行動，不登校などの非社会的行動の克服の援助に関わってきた。また，そうした働きかけによって立ち直ったケースも相当あると思われる。

　ところで，一般に学業テストで出題されるような「外的な」問題には「正解」があるので，教師はとかく，「内的」な問題，すなわち心理的問題についても「正解を教えたがる」傾向があるといわれている。しかし，心理的問題の克服のプロセスについては，誰にもあてはまる「答え」はない。たとえば，どの高校に進学すればよいか，誰と交際すべきか，葛藤はどう解消するべきか，心因性の「症状」や「問題行動」はどういうふうに解消できるかといった問題について，絶対的な正解があるわけではない。それは，クライエント個々人において探求していかねばならない。にもかかわらず，教師による生徒指導（生活指導）等の場合には，教師の価値観が絶対的に正しいかのごとく提示されることが多い。一方，カウンセリングの場合は，カウンセラーが正しいと思っていることを押しつけることは通常控えられ，クライエントが自らの価

値観にもとづいて正しいと思うこと（筆者はこれを「個人的当為」と呼ぶ）が実行できるようになることが目標になる（ただし，それを明示しないで始めるケースも少なくない）。もしかすると，教師とカウンセラーの最も大きな違いはここにあるかもしれない。

　もちろん，教師が道徳の授業などで何が正しいと思うかを生徒に討論させることがあるし，カウンセラーも「弱い者をいじめてはいけない」「シンナーはやめなさい」などと自分の価値観を主張することもある。けれども，このような場合は，たいてい，その価値観がクライエントと深いレベルで共有されている。また，教師が「物ごとの善し悪しを教えるのだ」などという場合には，たいてい，生徒は教師の価値観をすでに知っている。ただ，それに同意していないことが多いのである。

2. 手段の違い

　まず，仕事場だが，教師の仕事場が教室であるように，カウンセラーの仕事場はカウンセリング・ルームである。両者は日常場面と非日常場面といってもよいだろう。ただし，場合によっては教師がカウンセリング・ルームを使ったり，カウンセラーが教室に出向くこともある。教師が「文化祭」「体育祭」「遠足」などの非日常場面で生徒と関わるなかで，人格発達が促進されることもあるだろう（こうした活動には「祭」や「遊び」の要素が含まれており，単なる「学習」発表会や「修学」旅行の範囲を超える意義がある）。一方，カウンセリング・ルームも休憩時間にオープン・スペースになったりすれば，クライエントにとって日常場面としてとらえられる場合もあるだろう。また，1セッションで対象とする人数は，教師では多数であり，カウンセリングでは個人が多い。しかし，教師も個人面談をすることがあるだろうし，カウンセラーもグループカウンセリングをすることがある。

　コミュニケーションの方向性については，教師の仕事が主に外的な知識を「話す」ことであり，カウンセラーの仕事が主にクライエントの内的な状況を「聴く」ことにあるという大きな違いがある。しかし，教師の行う教育相談において，内的な問題や家庭の状況が語られることもあるだろうし，国語や美術など芸術に関わる領域を含む授業において，生徒個人の内界の主観的現象（感情やイメージ）が表現されることもあるだろう。一方，カウンセリングにおいても話の内容のかなりの部分はこれまでの人生の客観的事実であるし，カウンセラーが知識や技能を伝える場合もある。

　目標達成のための当面の課題設定については，その決定権が誰にあるかが違っている。教材やテストの問題を決定する権利は，通常は教師にあるが，カウンセリングに

おいては，（カウンセラーが提案する場合でも）課題の最終決定権はクライエントにある。もっとも，通常の授業でも生徒が学習課題を決定したり，オーダーメイド・テスト（テストの問題や範囲を学習が教師に指定する個人別テスト）が行われたりすることもあるかもしれない。また，学派によっては，カウンセラーが当面の課題や宿題を一方的に決定することもある。

3. 評価の仕方の違い

　課題達成についての評価の頻度についても，両者の差は程度の差である。教師が各授業ごとに評価を行う場合もあるし，カウンセラーが何ヵ月かごとに振り返ってみるケースもある。

　学力評価については，授業中に教師が生徒に質問して答えさせる方法によってなされる場合がある。考えてみれば奇妙なことであるが，教師はしばしば生徒に向かって答えのわかっている質問をする（例：Is this a pen ?）。これは，生徒の能力をテストしているのである。本来，疑問をもっているのは生徒で，教師はそれに答える（教える）のが職務であるはずなのだが，通常のテストではそれが逆になってしまう。

　カウンセリングにおいても，立場が逆転する現象がある。クライエントがカウンセラーの器量や技能を試したり，カウンセラーの個人的な生活について聞いてくることも少なくない（後者の場合は，クライエントの願望や疑いの反映としてとらえるのが定石である）。授業中に生徒が教師に知識を伝達することはまれだろうが，クライエントがカウンセラーを慰めたり励ましたりすることはある。

　ちなみに，いわゆる心因性の「症状」や「問題行動」について，教師が生徒に「どうしてそんなことをしたんだ」「なぜ，こんなことができないんだ」などと問う場合は，たいてい怒りの感情がともなわれており，生徒には叱責のメッセージと受け取られる。カウンセラーは，たいていその理由を直接クライエントに聞かずに，さまざまな行動や反応から推測していく。そして叱責のニュアンスをできるだけ与えないようなかたちで確かめていく（まずその理由をカウンセラーが自分で考えて，クライエントにその推測が妥当かどうか聞くことが多い）。

　また，教師は一般的に相対評価をする（とりわけ上級学校に進学する際に提出する「内申書」はたいてい相対評価である）。一方，カウンセラーはつねに絶対評価をしている。その基準も，過去のクライエントの状態と比較していることが多い。

4. 生徒の立場から見た授業とカウンセリング

　ところで，生徒は，いったい何のために教室やカウンセリング・ルームに行くのだろうか。ここでは生徒の立場から考えてみよう。

　学校に行く理由を生徒自身に聞くと，友だちに会えるからとか，それが当たり前だからとか，みんなが行くからとか，別に，ただ何となくといった言葉が返ってくることが多い。しかし，学校の本務はやはり「勉強」である。では，なぜ，生徒たちは学校に行って勉強するのだろうか。なかには，知識や技能を身につけることに強い内発的動機づけを感じて，授業に出席している者もいるかもしれない。しかし，たいていの生徒は，外発的動機づけによって勉強（強いて勉めること）をしているのではなかろうか。つまり，彼らは，将来，上級学校に進学したり，有利な就職をするための一つの手段として学校に行き，授業に出席しているといったほうが実態に即しているように思われる。

　実際，社会的な機能として学校をとらえるならば，それは，将来何らかの仕事をするために必要な知識や技能を身につけるところであろう。ただし，わが国ではこれまで，専門学校や大学の医学部や歯学部を別にして，特定の職業に就くための教育体制が十分整備されてこなかった。多くの高校や大学はいわば，どのような職種でも「つぶしが利く」ような労働者の養成のためにあったとさえいえる。そして就職に際しては，能力よりも学歴や年齢が重視され，「新卒」が望まれる体制が続いてきたのである。それは，わが国では多くの職場において，年功序列や終身雇用のシステムが一般的であり，職業人としての訓練は職場で行うのが通常だったからである。つい最近まで，わが国はそのようなシステムで高い生産性を実現し，アメリカ合衆国に匹敵するような高度産業社会を創ってきたのである。

　けれども，物質文明があるレベルに達したとき，人々は，そうした経済的繁栄が決して幸福を保証しないことに直面することとなった。実際，一生懸命勉強して，より高い地位に昇ったところで，幸せになれるとは限らない。たとえ大企業に就職して昇進しても，不景気になればリストラされる危険性が常にある。さらに悲劇的なことには，多くの業種では，懸命に仕事することが結果的に他の多くの動植物の個体数や生存領域を激減させ，環境汚染を促進してしまう。あるいは，物質科学の進歩が大規模な戦争や病気，事故や犯罪を招く危険性もある。子どもたちは，直接そういった危惧を表明しなくても，どこかで敏感にそのことを感じとっているのではなかろうか。

　カウンセリング・ルームを訪れる生徒の問題は多岐にわたるが，このような社会状況のなかで，いったい何のために勉強し，何のために働くのかという根本問題を抱え

ている生徒も少なくないように思われる。実際,不登校や非行などによって,それを私たち大人に問いかけているように見えるケースがかなりある。教師とカウンセラーが,自分自身の生き方も含めて,こういった問いにいかに応えうるかは,わが国のこれからの教育において,最も核心的な課題の一つになるように思われる。

5. 教師とカウンセラーの連携

　このような問題に直面して,教師とカウンセラーはいかに対処できるのだろうか。ここではその連携について考えよう。何度も繰り返すように,教師とカウンセラーは,中心的業務が異なるだけで,仕事の境界線は曖昧である。教師が子どもの家庭の問題に関わることもあるだろうし,カウンセラーが知識を教えることもあるかもしれない。
　たとえば,いわゆる「問題児」に対する関わり方について教師が悩み,スクールカウンセラーに相談に行くことがある。これをコンサルテーションと呼んでいる。カウンセラーはこのような場面では,生徒の内的な状態についてできるだけ的確に把握しようと努め,当面,適切だと思われる対応を共に考えていく。こうした連携が複数の教師を含むケースカンファレンス（事例検討会議）になることもある。その場合は,特定の生徒について,担任,教科担当,クラブの顧問,養護教諭,教頭や校長などが,それぞれの立場でいかに関われるかを検討することになる。
　また,授業中にカウンセリング・ルームに行くことを許可された生徒については,カウンセラーは,その生徒が確かに相談に来たこと,そして教師に知ってもらいたいことを（原則として生徒の許可を取ったうえで）報告して,今後の対応に役立つようにする。
　あるいは,授業中に出ていく生徒にカウンセラーが話しかけ,カウンセリングに導入するとか,教師が不登校の生徒の家庭訪問をし,カウンセラーが母親のカウンセリングを学校で行うというケースもあるだろう。この場合も守秘義務を侵さない範囲（母親の了承がとれる）で,カウンセラーは母親の事情を教師に話すだろう。
　あるいはまた,進路の問題について,家庭の事情や内的な状態はカウンセラーと話し,成績については担任と話すという生徒もいるだろう。たとえば,教師はどれくらいの成績ならどこに入学できるか,そのためには今何をどのように勉強すればよいかといった情報を提供し,カウンセラーは,それを受けて,その勉強がどれくらいやる気がするか,それを阻害するものは何かなどを検討するわけである。
　このように連携のあり方は,まさに,ケース・バイ・ケースであり,教師とカウンセラーは互いの専門性を生かしながら,豊かな教育環境の創造をめざして,日々努力を傾けていく。このような連携が実を結ぶケースは今後ますます増加していくだろう。

14 理解する教師

1. 伝え合う人間関係

　臨床面接法の基礎的な訓練について神田橋（1990）の見解は興味深い。以下に紹介しよう。臨床場面や対人援助場面では理論や技術の勉強あるいは，ならうより慣れろ式の体験がまず先にあるのではなく，何よりも優先されるべきなのは，「利他の姿勢」と呼ばれるものである。対人活動を行うには誰もが天然に備わっている他者に手を差し伸べるという働きを再活性化することを最優先すべきであり，そのための基礎トレーニングが欠かせないとする。

　基礎トレーニングの第一にあげられているのは，「読み取り」の技術である。読み取りとは「感じる」能力であるとする。感じる能力を日常のなかで絶えず錬磨することが肝要である。感じるとは具体的には，「場の雰囲気を感じること，場の流れを感じること，場のなかでの自分の心身の流れを感じること」（p. 13）を指している。場のなかでの感性を磨くということだ。自分の言動や心身の状態も絶えず感じ取りつつ実行するというのは矛盾をはらむ困難な作業である。

　「感じる」能力のもう一つの具体的なトレーニングは「五感イメージトレーニング」と名づけられている。感覚と概念化の中間にイメージ照合の過程がある。対象を感知するときに五感を総動員し，すべての領域でイメージ照合の練習をして，感覚イメージの質と量を豊かにしていくという方法である。感覚経験相互の「翻訳転用関係」をもとにして，感覚経験を複合させ膨らませイメージへと定着させていくところに力点が置かれている。神田橋はこの活動を「五感イメージの融合した一個の感覚統合体のようなものが外界をとらえる」（p. 16）と述べている。

　続いて次のような練習を奨励する。「赤ん坊とか犬など，言葉の通じない，しかしノン・バーバルなコミュニケーションは伝わる相手に話しかけること。」（p. 17）。そこでは言葉を用いて相手に話しかけるのだが，伝わっているのは言外の要素である。特に自閉症児や重度心身障害児など通常のコミュニケーションでは伝わらぬ人たちへの援助体験は，利他の本能の活性化，「感じる」そして「関わる」「伝える」について

の五感トレーニングの最適の機会であると神田橋は述べる。言い換えると「伝え合う人間関係」を心の資源としてもつこと。対人援助の仕事はこのような「伝わった」という経験をどれだけ質を高く保持できているかが基盤となる。

2. 言外のメッセージ

以上のような基礎トレーニングの意味するところは，学校のさまざまな場面で共有できる。教室で生じるやりとり，伝達の特性はもちろん複雑極まりないものである。心理臨床場面は基本的に二者関係をベースにした関係論から発想しているため，学校教育場面では教師とカウンセラーの役割はくいちがいが生じやすく，教師がいかにカウンセラー的役割に接近できるか探るのはあまり生産的ではない。むしろ，学校教育のさまざまな場面のなかに「伝え合う人間関係」を見いだし，育てるところに，カウンセリングとの接点が見つかりそうだ。

対人コミュニケーションには，メッセージに内容と関係の2つのレベルがあり，関係レベルが内容レベルのメッセージを規定するという特性はよく知られている（Bernal & Baker, 1980；佐藤，1986）。たとえば，「勉強は人に言われてやるのではなく自分から進んでやるものです」。この発言は正しいが反発をかうこともある。内容は正しいかもしれないが，関係レベルでの押しつけ，有無を言わせない態度が同時に伝わってしまうからだろう。この場合内容をいくら吟味してもコミュニケーションとしては成立しない。同じ授業内容を複数のクラスで行う授業で，進め方はほとんど同一であっても，クラスによって伝わり方が異なることを経験する。はじめに伝え合うという関係がなければ，内容，情報伝達の正確さにいくら留意しても伝わらない。教室でもカウンセリングの場でも関係の構築から始めることが何より優先されるのは当然のことだろう。やっかいなのは関係レベルのメッセージが主として非言語的であるという性質をもつことだ。

非言語的なやりとりの豊かさについて，乳児と母親の間に交わされる交流の直接観察から見いだされた情動調律（affect attunement）の現象が示唆的である。母親は乳児の感覚感情表出に対してそれとは異なった感覚様相の回路（チャンネル）でもって波長を合わせることが

> **情動調律**……スターン（1985）は乳児の感情表出に合わせ，母親が類似の感情を同期的に表現する現象に着目し情動調律と名づけた。生後8～10ヵ月の乳児と養育者の間に顕著である。母親の行為は乳児のそれと強度，強度の輪郭，時間の刻み（テンポ），リズム，持続時間，形において一致している。模倣のように行動と行動のマッチングということではなく，母親は乳児の行動よりも感情状態に照合し，情動の交流にふみこんでいる点で模倣とは区別される。

ある。乳児の声の表出に対して母親は身ぶりで応じたり，乳児の表情の変化に合わせるように母親は自分の声のトーンを変えてみたりする。それによって母親は乳児の感情状態に調律（tune in）しているのである。この現象は母‐乳児間でのみ生じるものではなく対人関係の基盤にあって，非言語的な関係レベルを支えるものである。

　カウンセリングの場で，クライエントが抱くカウンセラーの初期印象形成の要因の第一にあげられるのは，言外のチャンネルから伝わってくる雰囲気である（村瀬，1998）。雰囲気は教師にとっても関係育成のうえで大切だ。特に対人場面で，様相間的（intermodal）な感覚チャンネルを通じて調律しあえるという経験が教師の側にも欠かせない。

　神田橋の訓練法は，第一に非言語レベルの五感の感覚経験を丁寧に味わい練りあげることを日頃の心がけとしておくということであった。このような密度の濃い経験は2人ないし小集団での対人世界で顕現しやすいのは当然だが，学校のさまざまな局面でも生起している。

3．「苦手な生徒」から学ぶ

(1) 印象に残る先生

　「生徒指導論」の講義の最初の時間に，約300名の受講生（20〜25歳女子）を数人のグループに分け，「私の学校生活」というテーマで自由に想い起こし，語り合ってもらい，さらに小学校から高校までの学校という時空のもっとも印象に残った点について自由に記述してもらった。思い出の第一にあげられるのは友人と部活。体育祭や文化祭の行事など。学校の日常では，当然だが勉強と試験をあげる人もいる。では教師との接点についてはどのような記述があるだろうか。

　何よりも「授業をよく工夫し，生徒の興味を引きだしてくれる先生」が学生たちの印象に残る教師のようである。教材研究がまた生徒理解につながるのであろう。それをふまえたうえで，以下に3点をあげよう。

①生徒に対し肯定的な関心（positive regard）を持続していること

　「高校2年のとき，授業中私の黒板に書いた答えをほめてくれた。あまりの意外さにちょっと驚いた。質問にいくと先生がいろいろ熱心に教えてくれるようになり，数学を勉強するのが楽しくなった。……家庭教師をして算数や数学を人に教えるとき本当に役に立っていて，そのたびに先生を思い出す。」

　自信をつけてくれ，心の支えや目標を与えてくれる先生と出会うのは大きな財産だ。

②積極的な会話（active conversation）の相手となること

「私はよく先生と話していた覚えがあります。高3になったときは，毎日のように放課後職員室へ行き，質問をしながら世間話をしたり，先生の今までの経験談を聞いたりしていました。……私がいちばん心に残っているのは先生と話したことです。」
　生徒は先生と話をしたい。しかも自分という個人を尊重し，自分に向かって話しかけ，積極的な会話の相手になってくれることを求めているようだ。
③一方的な決めつけをしないこと
　「小学校1，2年のときの先生で，私がとてもお腹が痛いときに友達が先生のところに言いにいってくれました。しかし，先生は『人を使ったりするものじゃありません』と私に言われました。何気ない一言だし，先生の眼にそう写ったのだろうけれども，子ども心に『先生はわかってないなあ』と思ったことを強く覚えています。」
　このように教師の一言が傷になり，後まで響くような否定的な経験も報告される。しかし，苦手な先生のことは不思議と印象に残り「苦手な先生に怒られたこと，誉められたことはなぜかずっと心に残っている」と多くの学生が述べているのも興味深い。

⑵　先生の言い分

　先生の言い分も聞いてみよう。中学校での教員研修のなかで「苦手な生徒」というテーマで4～5人のグループに分かれ自由に語り合ってもらった。「すぐに反発する。粗暴な子」「反応がなく，何を考えているかわからない」「教師の前ではよい子ぶり，使い分けしてくる」という生徒の特徴がすぐにあがってくる。そのような像を語り合いのなかで明確化し，グループのなかで具体的な一人の生徒の姿を浮き彫りにさせていく。
　語り合いのなかで，「生徒の側からするとそのような形でしか伝えられない状態もあるのでは」「そういうかたちで何かを訴えようとしている。そこに焦点を当てることができないか」このような話題も交わされるようになる。生徒たちの行動をとらえなおそうという視点が浮上してくる。
　苦手と感じられる生徒は，教師にとって対人関係の感覚チャンネルのレパートリーのうちの閉じている部分をついてくるのだろう。そこを開くか，あるいは異なる感覚様相のチャンネルで調律し，その場で感じていることをうまく言葉にして返す工夫がいる。
　教師はそれぞれ対人感覚チャンネルの持ち味をもっている。たとえば眼の鋭い先生。その先生が現れるや，沈黙のなかの一瞥で生徒たちは身が引き締まる。そのようなチャンネルを鍛えている先生。また言葉のチャンネルでも声がよくとおり響き，生徒の声とほどよくブレンドできるチャンネルをもつ先生。他に姿勢や動き，表情，笑顔な

ど非言語的な関係チャンネルにもこのような複数のチャンネルがあり，しかも教室では生徒たちそれぞれにチャンネルの個性があるわけだから，その調律照合関係はとても複雑である。言い換えると，学校場面でこそ，対人関係の感覚トレーニングの素材はいたるところに見いだすことができるともいえる。

4. 場面で生じていることを写し出す力

異なる様相での感覚経験を統合していくには言語の働きが欠かせない。しかし前章で述べられたように，教師はカウンセラーとは立場役割が異なる。当然のことだが，教師の生徒理解は感情の波長合わせのみが目標になるのではない。

岡本（1985）は言語活動について「一次的ことば」と「二次的ことば」という基本的な分類を行っている。

「一次的ことば」とはかいつまんでいえば，具体的場面の親しい間柄で1対1の相手で使われる言葉である。学校の帰りにハンバーグを友だちといっしょに食べて「おいしい」という場合，あたりまえのことだが，「このハンバーグはたいへんおいしい」と文を完成する必要はまったくない。言葉は目前の場面で補われるため，一語でことたりる場合が多い。だから外部から2人の会話を聞いた場合，話題が何なのか皆目見当がつかぬようなこともたびたび生じる。

「二次的ことば」は，不特定多数の聞き手にむかって話される言葉である。聞き手が直接目前にいなくとも伝わる言葉で話さねばならない。相手の反応をうかがいながら話を作ることは前提にしにくく，独力で話の筋を組み立てていかねばならない。「一次的ことば」ではいちいち言葉にしなくとも，場面の文脈が代わりに語ってくれ，また親しい相手がこちらの言いたいことをよく推測してくれ補ってくれた部分も，「二次的ことば」ではその部分を丁寧に言葉の文脈のなかに組み込んでいかねばならなくなる。言葉がまだるっこしい，めんどうくさいといわれやすいのは主としてこの努力である。

「二次的ことば」が典型的に使われるのは学校の授業場面である。「○○についてどう思うか」という形式で，目前にはないどこかの世界のできごとであっても，それについて自分の考えを述べることが求められる。自分の考えは言葉で正しくつなぎ，正確な伝達を行わねばならない。この2つの「ことば」を学校での一日のスケジュールのなかで教師も生徒も使い分けることをあたりまえのように行っている。

よくできる子と感じられる生徒は何よりもこの「二次的ことば」の操作能力，その場での相手，文脈に頼らずに独自に言葉の世界を完結させ，伝達する能力に依存する

ように思われる。したがって，本人はもちろんまわりの大人はみんなこの能力を学業において最優先しがちとなる。もちろん教師はそのようなことを無理強いはしない。「一次的ことば」を「二次的ことば」にうまくつなぐためにさまざまな工夫をこらしているはずだ。生徒が先生に向かって個人的に語りかける口調で話したとしたら，それは「私にはよくわかる」けど，「みんなにわかるように」もう一度話すように指導するであろう。

「二人で一緒に」という関係のなかでは教師も受容と励ましが中心となるケアの声（care voice）を大切にするだろうし，それを生徒は求めてくる。教授場面では生徒の言動のなかに共有できるものを見きわめ，輪郭を正確に切り取る言語的に諭す声（justice voice）が中心となる。

学校では両方の声が必要である。ケアの声，一緒にという眼差しで交わしあう関係で現れる生徒の姿と，諭す声，見きわめる眼でもって結ばれる関係から現れる生徒の姿とはおのずから異なってくる。どちらの姿がその生徒の正しい姿かということは決定できない。矛盾する姿が交錯しても，それらの姿を抱えつつ時間の経過とともに生徒それぞれの姿が統一的な像としてまとまってくる。教育者としての手応えはそのような瞬間に現れるだろう。決定できぬものはそのままでおいておけるというのはけっこう粘り強い修練が必要だ。

先ほどの教員研修の小グループに戻ろう。たとえ生徒の姿がマイナスのイメージであっても，いきいきとした姿が浮かんでくる教師たちの語り口に注目したい。あたかもその生徒がその場にいるかのごとく臨場感をもって語り，伝わるということはそのまま，その教師が教室でよく生徒たちを把握しているということの根拠である。その先生はおそらく「五感イメージを統合的に使うトレーニング」を自然に実践しているのであろう。

同時に，教師も矛盾や葛藤を抱えつつも全体として統一した姿をつねに送ることができれば生徒たちは安心だろう。教室でまとまった自分の姿を提示するといっても，教師一人の努力でそれを保つのではなく，生徒にサポートしてもらうことでそのような像が結ばれる。その場で与えられた素材を生かし，場を構成する個々人に安心して委ねる，まかせる知恵。場面で生じていることを自分のなかで瞬間的に写し取りながら統合できていること。私たちの場面感覚はこのように表現できるだろう。

15 学級集団の力

　学級という場所は，数十人の生徒の心理的体験が相まって，集団としての力が生み出されるところである。思春期から青年期ではまわりの目を意識するようになるため，生徒一人ひとりは，大人ぶった態度をしていたり，無関心を装ったりすることが見られるが，たとえば文化祭や体育祭などの学校行事に向けて集団がまとまり始めると，普段の授業からは想像もつかないような大きなエネルギーを発揮することがある。学級全体で協力して何かを成し遂げ，一生の思い出になるような達成感を経験した人も多いのではないだろうか。ここでは，集団の力を創造的な方向へ高めていくための視点をまとめておきたい。

1. 学級とは何か

　辰野（1985）は，学級というものがもつ特徴を次の4点にまとめている。

①学級は，子どもの成長・発達を促進するために作られた集団であり，子どもは，そこで共に学習し，作業し，遊ぶことができる。
②学級には，学級特有の気分・雰囲気が生まれ，さらに学級の規範ができて，学級の成員の行動に影響する。
③学級には，いくつかの下位集団（グループ）ができ，それぞれの下位集団は閉鎖性をもち，独特の基準をもち，その成員の行動に影響する。
④学級内で，指導者と従属者，尊敬される者と尊敬されない者，人気のある者と人気のない者というように，社会的地位，社会的役割が自然にきまり，これが子どもの行動や性格形成に影響を与える。

　また，近藤（1994）は，教師が学級全体に適切に働きかけることで，いきいきした学級集団と成長促進的な「風土」が生まれ，生徒間の相互援助能力も高まっていくことを指摘している。筆者が関わった例でも，あるクラスに落ち着きがなく多動な症状

をもつ子がいたが，担任の産休や交替などでクラスの雰囲気が不安定になると，確実に多動な動きや他の子どもとのトラブルが増え，状況が安定しクラスの雰囲気も落ち着いてくると，逸脱行動がはっきりと減少したことが見られた。

こうした特徴を考えると，そもそも学級という集団は，学校側の教育的な意図をもって編成された集団であると同時に，ほとんど自然発生的に醸成される雰囲気や人間関係が存在し，これもまた学級集団の大きな要素であることがわかる。そこには，学級内の係や委員など組織として系統だったフォーマルな構造とは別に，非公式な要素である，インフォーマルな構造が存在している。なかば不可視的なこうしたインフォーマル構造をいかに把握し，適切に学級集団に働きかけるかがポイントになる。

2. 学級集団の凝集性

集団の凝集性は，その集団の特徴を把握するのに有効な一つの指標となる。学校行事でクラス対抗の種目などがあると，まとまりがあって一丸となって取り組んでいるクラスもあれば，何となくダラダラと参加しているクラスもあり，明るく楽しそうなクラスもあれば，ピリピリ張り詰めた雰囲気のクラスもあったり，クラスによって雰囲気が違うことがよくわかる。学級には，その集団独自の雰囲気のようなものが形成されるものであり，これは学級風土とか学級文化などと呼ばれている。そして，こうした雰囲気と大きく関係するのが，学級集団の凝集性なのである。

凝集性とは，集団の成員がその集団にとどまろうとする心理学的な力の総体と定義されている。つまり，一人ひとりがこの学級の一員であるという意識をどの程度強く感じ，集団としてのまとまりがどれほど強いか，ということを指す。凝集性は，次のようなときに高まるとされている（古川，1988）。

①その集団のめざす目標や活動が魅力的なとき。
②集団のもつ道具的価値が高い（その集団に所属していれば何かの役に立つ）とき。
③集団規模が小さいとき。
④集団の意志決定に際して，成員の意見を取り入れる参加的リーダーシップがあるとき。
⑤代替集団が存在しない（成員が他の集団へ移れる可能性が低い）とき。
⑥ライバルや対立集団があるとき。

凝集性が高いほうが，学級全体として人間関係が親密で，集団としての魅力もあり，

活性化した状態といえる。

　だが，凝集性が高ければ高いほどよいというわけではない。凝集性が高まると，メンバーの考え方や行動の仕方が似かよってくる傾向があるが，これはその集団にとって基準となる集団規範ができるためである。だが同時に，その規範から逸脱せずに同調することをメンバーに求める暗黙の集団圧力がかかることになる。それに背いたり，合わせられない者には，知らず知らずのうちに無視や非難などのかたちで罰が与えられることもある。

　学級集団の指導では，集団をまとめつつ，一方で，生徒それぞれの個性や能力に合った学級への参加の仕方を受け入れる幅の広さも必要である。そこで，凝集性を高める指導を念頭におきつつも，もう少しきめ細かく学級内の集団構造を見ておく必要がある。

3．学級集団の構造

　生徒の特徴を把握しようとするとき，教師は自分なりの評価基準に当てはめて生徒を見ていることを自覚しなければならない。学力や学習態度がよい生徒や，教師の指示に従順な生徒は，教師に好感を与え，高く評価される。また，学級集団を見るときには，全員をくまなく見ているわけではなく，特徴的な何人かの生徒に目が向けられがちで，いわば「図」となる生徒と「地」となる生徒が生じていることも指摘される（梶田，1992）。

　コーニン（1970）は，優れた学級経営を行う教師の特性として，①学級内で生起している事象を読みとる能力，②いくつかの事象に同時に注意を払うことができる能力をあげている。インフォーマルな集団構造ははっきりと示されることは少ないが，しかし目に見える手がかりは意外と多く，現象の正確な記述と手がかり情報を総合する力があれば，学級集団の構造をとらえることはできる。生徒どうしの視線の向け方，休み時間や昼食時の様子から，誰と誰との距離が近いのか，どんなグループがあるのか，それぞれのグループの凝集性は何によって強められているのか，などを考えてみるとよい。また，各生徒に1対1で接したときと，その子がグループのなかにいるときとで違った面が見られないか，ということも手がかりとなる。教師側の思いこみで一面的に生徒をわかったつもりにならずに，ゆるい仮説を作っては検証・反証するような手がかりに目を向けることを繰り返し，多面的な理解を心がけることが重要である。

　さて，学級集団の場合，一般的には次のようなインフォーマルな集団構造が考えら

れる。
①**マジョリティ・グループ（主流派）**　学級のもつ規範に準拠したグループで，多くの場合，複数のグループが該当する。なかでも，学級集団への影響力が大きいグループは，その言動が学級の雰囲気を大きく左右するほどである。また，それほど積極的に学級を動かす力はないが，基本的に大勢に従うグループも含まれる。
②**カウンター・グループ（反対派）**　一時的に意見がくいちがったり，何らかの理由でつねにマジョリティ・グループに対立していたりするグループのことである。集団を扱ううえで，こうした反対勢力の存在は避けては通れない。むしろ，マジョリティに付き従う者たちでも，少しは自分のなかに不満や反対意見をもっているものであるから，それを表面に顕在化させてくれることは有意義である。疑問や不満を抑圧したまま全体が動くよりも，反対グループの主張を材料として，より深い議論や納得へと発展させることにつながるからである。
③**マージナル・グループ（辺縁集団）**　これは，マジョリティに反対するほどのパワーはないが，しかし，主流派にもコミットできずに，辺縁にとどまっているようなグループである。学級のなかではあまり居場所や存在意義を感じられないグループであり，学級活動においては，動機づけや参加の形態に工夫を要する。

では次に，こうしたインフォーマルな構造をもつ学級集団に働きかけるための方策を考えてみよう。

4. 動機づけを高める

思春期の生徒が動き始めるには，外側から活動を強要するのではなく，彼らが内側にもっている欲求にいかにふれ，動機づけることができるかが決め手となる。

動機づけは，賞賛や賞品などの外的な報酬に魅力が感じられる場合に高まる外発的動機づけと，課題そのものが新奇で興味をひく場合などの内発的動機づけがある。他にも，自分たちで何かを成し遂げたいと思う達成への欲求や，仕事を任されることにともなう責任への欲求なども，高次の内発的動機づけになる。したがって，たとえば何かの課題に取り組むときに，ただ教師の指示に従うのではなく，アイディアや計画を生徒が自主的に決めることができ，さらに割り当てられた仕事に対しても，各人が工夫できる余地を残しておくと，内発的動機づけを高めることにつながる。

また，クラス対抗の行事など，集団の外に競争相手がいると，学級の凝集性や動機づけは高まるものである。さらに，日頃から，失敗の原因を生徒たちの能力などの統制不可能な要因に帰属せず，そのときの努力の程度など自分たちの意識で統制可能な

要因に帰属するようにし，しかも結果の評価だけでなく，生徒の努力に対しても共感的に評価しながら，動機づけを下げないように配慮しておくことも必要だろう。

5．学級集団を動かす

　学級集団の創造的な力を高めていくためには，目に見えないインフォーマルな構造の的確な把握と，動機づけを高める工夫が基本となる。教師は，学級経営上，その学級の規範や目標などを明確に打ち出す必要があるが，それに対する生徒たちの反応も見ながら，学級集団としての潜在的なエネルギーの流れを読みとるように努める必要がある。時には反発，反論などが生じてくることも考慮に入れ，その動きがクラスの凝集性や学級のエネルギーにうまく寄与する可能性も見通しておけるとよい。

　さて，集団を動かすときの方略として，適切なリーダーシップを生かす視点も役立つ。学級内に適切なリーダーシップを育てるために，教師は次のような要因に配慮しておかなくてはならない。

(1) リーダーとなる生徒たちの要因

　リーダーシップを担うためには，ある程度の知的能力や自己主張の能力などが必要である。さらに，状況との相互作用で，他の生徒を情緒的にまとめる必要があるなら，社交性や柔軟性，他の生徒からの人気などもポイントとなる。また，課題達成が第一の目的なら，情報を分析し，具体的な方略を立てることのできる認知能力が求められるだろう。ただし，こうした適切なリーダーがいつも自然に決まるわけではない。さまざまな生徒の持ち味を多面的に考慮しながら，日頃からリーダー的な行動に向けて生徒たちを動機づけておくことも必要である。

(2) 課題の性質

　目標や手順が明確でルーティンワーク的な場合や，課題に対する生徒たちの内発的動機づけが高い場合などは，リーダーに求められる役割は少ない。こういう機会に新しいリーダーに経験を積ませておくとよいだろう。だが，構造が不明確で，決めるべきことがらが多い場合などでは，ある程度強い判断力や求心的な指導力が求められる。もしこうしたリーダーシップが生徒個人の力だけで難しいときは，状況に合った基準や規範を教師が提示する必要があるだろう。判断基準を明確にすることで，リーダーシップが受け入れられやすくなり，強まるからである。

⑶ フォロワーとなる生徒たちの要因

　リーダーシップは，フォロワーに受け入れられて成り立つ。つまり，フォロワー側が何を求めているか，そのニーズに合致すれば，リーダーシップは成立する。その状況に対する生徒たちの反応をよく見て，あまり積極的な様子でなければ，いかに動機づけすることができるかをまず教師は考える。そのうえで，動機づけの方向に合うリーダーが求められる。たとえば，課題に対して不満をもつ生徒が多い場合は，神経質で完全癖の強いリーダーは受け入れられない。不満をもつ側の気持ちも汲んだうえで，円滑な人間関係と課題とを柔軟に織り交ぜるリーダーシップが求められる。

6. まとめ

　実際に数十人の生徒を受け持つと，それぞれがもっている特性の多様性がよくわかる。教師としてはそれぞれの生徒をどう伸ばしていくか腐心するものだが，あまり学級内の役割を固定化させたり，生徒の特徴を決めつけすぎずに，集団としての成長と，各生徒個人の能力を育てていくことが望まれる。凝集性と一人ひとりの個性，インフォーマルな構造の自然発生的な動きなど，フォーマルに静止した姿ではなく，つねに心理的な動きが活性化している状態が健全で創造的な学級集団のあり方だということを忘れてはならない。そして，水面下で生徒たちの成長を支えるのが教師の役目である。

16 学校内での支援体制

1. 学校教育における校内支援態勢の重要性

現在の中・高校生には，より早期の発達課題を果たしていない者，身体，知識，思考，情緒，対人関係などの発達にアンバランスが見られる者が多くなった。「誰が不登校に陥っても不思議ではない状況」である。また，1995年度からの文部省「スクールカウンセラー活用調査研究委託」の経験では，情緒的・心理的な問題発生状況は，地域・学校により大きく異なり，ある学校で通用した手立てが他に適用できる保証はない。こうした困難に対応するため，学校側の十分な理解，準備と態勢づくりの必要性が強調されるようになった。本章では，学校内での支援態勢づくりについて，最近の実践的知見から論じる。

教育基本法ではアメリカ流民主教育の理想が高く掲げられたが，それを支える予算，組織までは移入されなかった。アメリカの学校教育は多様な専門家の分業で成り立つ。州によって異なるが，教科教育担当のティーチャー（teacher），担任業務や生徒指導業務を担うスクールカウンセラー（school counselor），生徒の人格発達状況や心理状態を把握するスクールサイコロジスト（school psychologist），校内で個別のニーズをもつ生徒に心身障害教育（special education）を行うリソース-ルーム・ティーチャー（resource-room teacher），学校と他の専門機関をとりもつスクール・ソーシャル・ワーカー（school social worker），養護教諭にあたるスクール・ナース（school nurse），読書指導のスクール・ライブラリアン（school

---

リソース-ルーム・ティーチャー……
教育先進国では，心身に障害をもち特別な教育指導が必要な児童・生徒を，地域の子どもたちと同じ通常の学校に受け入れ，通えるようにする方策（Main Streaming：統合教育）が確立しつつある。この目的で各校に配置され，児童・生徒の個別教育課題に校内のリソースルームで対応する心身障害教育専門の教員。

スクール・ソーシャル・ワーカー……
諸外国で，学校教育以外の専門的サービスが必要になった児童・生徒について，学校，保護者，本人と専門機関などの地域資源との間を取りもち，紹介や橋渡しを行い，円滑にサービスを受けることを可能にする援助を行う専門職の呼称。地方自治体の教育委員会に所属し，何校かの学校を含む地域を担当して巡回する形態が多い。

librarian）など，生徒の個々のニーズに焦点をあわせて分化した専門性をもつ多くの専門家がチームで従事する。一方，わが国ではこうした役割分担を導入せず，主に教科教育の専門的訓練を受けた教員がこれらの機能を果たし，他に部活動の指導，校外指導，保護者指導なども担う。数多い教育機能を校務分掌のかたちで，学校全体，学年団（会）の教師集団で組織的に分担するのがわが国の工夫である。どちらがよいかは，文化や国民性，社会情勢，歴史的経緯などもあり，即断はできない。しかし，アメリカの学校からどのような教育機能がありうるかを学ぶことができる。何が果たせて，何が不十分かを見きわめると現実な工夫につながる。人材，予算，場面など現実の校内資源をいかに有効活用できるかもポイントになる。困難な状況下で，一人で可能な機能はどの程度か，教師一人ひとりが自身の専門家としての力量と限界を自覚したい。そう考えると，同じ学年・学校内の仲間や先輩のサポートがありがたく感じられる。さらに，組織的な支援・援助はいっそう心強い。困難な課題に遭遇したとき，一人で抱え込まない工夫が必要である。

2．組織としての日常的生徒理解

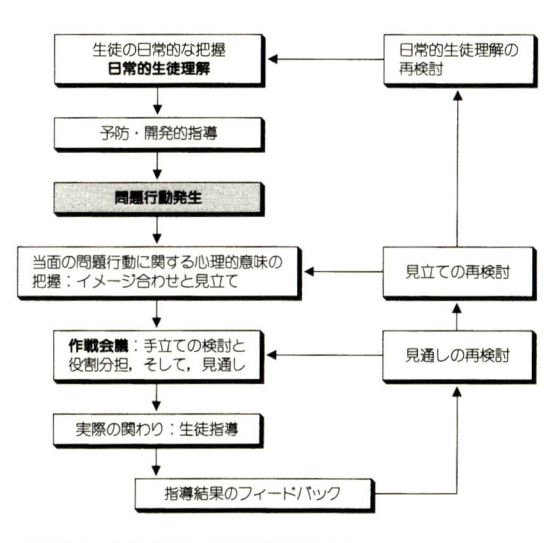

●図16.2 生徒理解と生徒指導の流れ図

当該生徒に責任をもつ学年会，校務分掌または全校体制など，組織的な指導には組織としての生徒理解が必要になる。山本和郎が講演の場でまとめたものを整理した図16.2のように，生徒指導の基本は全校体制での日常的生徒理解である。通常，学期前半などに，校内で生徒指導全体会を行う。担任が生徒1人について2〜5分程度で報告し，情報を交換し全体で共有する。これによって予防的・開発的生徒指導が全校体制で可能になる。

担任としては，自分には見えない（または，生徒が見せないようにしている）側面の情報も得られ，多面的な生徒理解が進む。

ある男子生徒Qの事例をあげよう。1年の2学期の生徒指導全体会で，20代後半の担任から，学校では目立たないが，母親の財布から持ち出しをして，母親が困惑して相談に来たと報告された。「父が厳しく，母は言えないでいる。これですまないだろう。情報があったら伝えてほしい」とのこと。他の職員から，放課後，この家の側を通りかかると息子を怒鳴って叱りつける父の声と本人を馬鹿にする気丈な年子の妹の声が聞こえたと情報が入る。担任は全校体制の支援を受け，情報収集と本人の気持ちに配慮した柔らかい対応を心がけることとした。
　多忙な学校現場では，明確なイメージができないまま「とにかく関わる」ことになりやすい。そして疲れると何かやった気にはなるが，実は空回りしていたりする。かえって，問題がエスカレートしたり，他の問題を派生して，対処に追われ，「学校崩壊」に陥ることも少なくない。生徒指導の基本である生徒理解，問題理解をゆるがせにしてはならない。

3．作戦会議の重要性

　生徒は順調に成長・発達するとは限らない。ときに問題行動が発生する。こうしたとき，その行動にどのような心理的な意味があるかを感じとること（見立て）が必要になる。それを可能にするのが，当該生徒に関する事例検討会（作戦会議）である。これは学年会やその生徒に関わる関係者によるプロジェクト・チームで行う。生徒指導上の責任をもつ担任に対する支援・協力態勢の一貫として行われ，担任を動きやすくすることをめざす。そのため，担任がリラックスできて，柔軟な検討を可能にする工夫が必須となる。人数は10人以内で，通常，学年会の教員に，養護教諭，相談係，生徒指導主任，管理職などが入ることが多い。できればスクールカウンセラーや教育相談機関の教育相談員，精神科医などから適切な人物に中立で公正なファシリテーターになってもらえると新鮮で心強い。
　時間は適宜必要に応じて行う。臨床心理や精神科医療の検討会では，通常1事例に2〜3時間を費やす。学校は多忙だが，微妙な問題が絡む場合や困難な事例は2時間程度が必要になろう。慣れれば短時間でも要を得た話し合いが可能になる。部屋は，参加者が落ち着く，静かで邪魔の入らない「守られた空間」だと安心して想像力を豊かに広げられる。上下関係や利害関係，感情的な対立を持ち込むことも避けたい。さらに，話し合いはその場限りにして外に持ち出さないルールも必要になる。担任の人格，力量，思想信条などを前提として認めたうえで，中立的な情報交換，イメージづくりに努める。流れは，担任から事実経過，現在までの手立て，その結果などを具体

的・現実的に報告し，全員でイメージ合わせを行う。参加者は脳裏に当該生徒のイメージがいきいきと見えるように努める。イメージが明確になったら，特に生徒の家族構成，成育歴，対人関係，発達段階などに注意をはらい，当該生徒の誕生から現在までの人生ドラマがいきいきと浮き上がるとよい。

4. 校内資源の活用

　作戦会議が軌道に乗り，当該生徒の，当面する問題行動についてのイメージが浮き彫りになってくると，その生徒に接する手立てが見えてくる。母性的愛情に恵まれなかった生徒にはそれを補う必要があろう。きちんと規制されてこなかった生徒には明確な枠づけがほしい。また，誰がその機能・役割を果たすか，生徒の人生ドラマの脇役にふさわしい人物も特定できてくる。母性的な愛情を，その生徒が「厳しい先生」と恐れている50代のいかつい風貌の男性教師が買って出てもそぐわない。対人恐怖的なおそれを抱いている生徒に，いつもは非行の叱り役をする生徒指導担当が，急に猫なで声でやってみても様にならない。学校には多くの個性豊かな教職員集団がある。また，養護教諭をはじめ相談係，生徒指導主任，学年主任，教務主任，管理職などの校務分掌がある。学年会（団）の教師集団もいてくれる。学校によっては併設心身障害学級担任，スクールカウンセラー，心の教室相談員，加配生徒指導担当教諭などに恵まれることもある。これ以外の人的資源も有効に機能する場合が少なくない。学校栄養士，用務主事，事務主事，学校医，PTA役員，保護司，主任児童委員，民生委員等の地域の人々，さらに，集団教育の利点として，級友もいるし，学級・学年集団，他学年の生徒たち，部活の先輩・後輩など，生徒の力も大きい。

　前述の事例では，2年になって，問題行動（万引き，窃盗など）がエスカレートし始めた。怠学傾向も見え始めたため，担任を中心に作戦会議を行った。話し合いのなかで，父は学歴に対する劣等感をもち，息子に自分と似た面を見ていらだつ。母も同様の劣等感をもちながら夫を軽蔑してわが子に夫を越えさせたいと期待する。父にはつらくあたられ，母には厳しく追い立てられ，はざまでうまく立ちまわる妹には馬鹿にされ，という家庭状況が明らかになってきた。Qの人生ドラマが浮き彫りになってきた。彼のなかで，最も馴染み深い，他者からの言葉，内面の感情や空想などはどうかを考えると参加者の心が痛んだ。また，その彼とつきあうと，教師の内面にはどのような感情やイメージがわいてくるだろうか。教師の意図と反し，自分が強大な迫害者の役をさせられている気分になったりしはしないだろうか。そうした関係が悪循環になってエスカレートしてはいないだろうか，等々，参加者の想像が広がり，Qの置

かれた状況の可能性の幅が見えてきた。

会議の結果，40代の恰幅のよい女性の用務主事さんが肝っ魂母さんふうの母親役，学年主任がちょっと恐い親父役，担任が面倒見のよい兄貴役，養護教諭はめげたときに励ましてくれる姐さん役，部活の生徒たちが仲間，とする「Qシフト」を作って働きかけることになった。その結果，出席は増えたが，校内での問題行動（授業離脱，火遊び，喫煙など）も増え（問題行動の転移），次いで，いままで不満を言えなかった彼が学年主任の悪口を仲間に言うようになり，また，仲間に付き添われて養護教諭や担任にも学年主任に対する文句を言いつけにくるようになった。

5. 作戦会議の実際

校内での問題頻発に学年会の先生方は動揺した。この時点で再度行った作戦会議の一部を紹介する。Qの問題行動について指導した結果を新たに考慮に入れて，「見立て」と「見通し」を「再検討」したのである。この日は，文部省の「スクールカウンセラー活用調査研究委託」で隣接校に派遣された顔見知りのカウンセラーをコンサルタントとして招いた。担任の報告の段階で，授業離脱が頻発するのは学年主任の授業であることが判明した（以下，個人名を校務分掌名で表記）。

当事者の学年主任は自分の教授法の稚拙さを反省し始めた。カウンセラーが質問する。「先生の教え方が問題なら他の生徒も同じはず。その点はどうですか？」学年主任が「他は落ち着いてる」と応じると，カウンセラーは「それなら，これはQ特有の事情。Qの気持ちの検討が生産的」と提案。これを受け，音楽が「そういえば，Qは『学年主任は嫌いだ，親父と同じことしか言わない』といっていたが？」と言いだした。そこで，教頭が「万引きで両親呼び出したとき，親父さん『ビシバシ叱ってください。こんなことしやがって，俺が教師なら殴っている』。脇で母は小さくなって」と言う。母親役の用務主事が「私が母親なら『お父さん！』って黙らしちゃうわ」。カウンセラーにうながされ，Qの家族関係，特に父の人となりについて，話し合いが進む。養護が「じゃあ，Qは小さい頃から，父親の接し方におびえていた？」と仮説を述べる。30代後半の体育も「1年の頃，自分を見る目がおどおどしてたのも関係あるかな」と言いだす。カウンセラーが，「先生方はそのつもりでなくとも，親がそうだと，『先生もそうだ』と生徒が思い込むことはよくある。私たちの業界用語では『転移感情』というけど」と口を狭む。「『羹に懲りて膾を吹く』ってやつだ」と国語。化学が「2人（学年主任と体育）ともいかついからな，Qの父親そっくり」とまぜっかえす。カウンセラーの「体育にはいまもおびえる？」に，学年主任が「いまそうじ

ゃないよね。どうして？」と乗りだし，体育は「いや，苦労した。実は……」と，おびえに気づいてからの接し方の工夫を話しだす。「自分は顔も身体もこうだから（2，3人がくつろいだ笑いを漏らす）誤解されやすいけど，実は繊細で（化学「どこが？」)，うるさい！（笑いながら） たとえば，1年のはじめの頃は，遠くの生徒に合図しようと手をあげると，隣りのQがサッと両手で頭をかばう。怖がられてるのかと思ったけど，すぐ寄ってくる」に，学年主任，「最近，僕にもそうだ。見ると寄ってくる」。化学「嫌なら寄るな！」 カウンセラー「先生の厳しさが嫌，でも気になるから寄ってくる。で，近づきすぎるとトラブッてしまう？」 学年主任「そんな感じ」。という具合に話し合いは和やかに続いた。

　話し合いのなかで，Qは父に両価的な感情をもっていて，父の素朴で熱い思いが，Qは負担になって逃げる。すると，父はいらだって暴力になる。そこでQは恐怖に満たされ，父から逃げる。すると，父は……という悪循環が見えてきた。そうした人間関係はQには当たり前の日常茶飯事だから，教師にも同じ構えになる。すると，教師も悪循環に巻き込まれやすい。作戦会議の頃には，教師全員がそうだとはQも思わなくなってきて，一番父への思いを投影しやすい学年主任に思いが集中し始めたのではないか，と考えられた。すると，この思い込みを修正するには，周囲がどう関わったらよいか，という接し方，手立ての検討に自然に話は向かっていった。思い込みが修正されれば学年主任のみならず，父との関係も改善されるであろうという見通しが立てられた。用務主事の「でも，私が『学年主任さんはQのこと大事に思っているから……』って言ったら，急に怒り出して」を，カウンセラーが「Qの気持ちの核心」と受け，「自分でも気づき始めたばかりのところをつかれると，腹が立つことありません？」と言う。そこをQにわかりやすく，丁寧に説明する役は誰が適切か？ということになった。Qが落ち着いているところを見はからって，校長にゆったりと説明してもらう，その反応を担任，養護，用務主事が見ながら，好機を探る。そして，最終的には，学年主任とQとの話し合いができるとよい……という具合に作戦が立った。

　タイミングよく校長が老賢者的な祖父役を果たし，担任，養護，学年主任の3人との話し合いで学年主任に対するわだかまりが解け，その後は，養護を定期的に訪れて両親の関係がよくないこと，それに端を発する兄弟喧嘩に対する嫌悪感などが話されるようになり，そうなった3年1学期の後半からは学習態度もよくなり，自発的に受験勉強を始め，県立高校に合格して，卒業にこぎつけた。

6. まとめ

　教職は実践的な生徒，生徒集団との接触，観察，働きかけの経験の積み重ねに裏打ちされた高度な専門性をもっている。この専門性は，狭い領域を深く研究するような「専門性」と異なり，すぐれて，実践的でアクションリサーチ的であり，学校教育特有の性質をもつ。これは，学校コミュニティの成員には「当たり前」であり，学校教育に馴染まない人々には理解されにくい専門性といえる。また，学年主任の冒頭での発言が示すように，教師は責任を重く自覚し，その専門性に対する内省を不断に行うように訓練される。いずれにしろ，前節で示したとおり，それぞれの専門性は高く，Qに対する行動観察力は鋭い。しかも，各教員が，自分の個性・持ち味，担当教科の特色，担当校務分掌などに裏づけられたユニークな視点をもち，Qに対してそれぞれに微妙に異なる視点と見解を獲得している。すなわち，学校では組織的で多元的な行動観察と，それにもとづく生徒理解の可能性がある。このように学校生活に表現された生徒の行動を，事実にもとづき，詳細に観察した多元的な結果を統合して生徒理解を進めることにより，当該生徒の人生ドラマの筋書きが見えてくる。こうした生徒理解が教師の見立て，見通しと具体的な手だてを保証する。前述の作戦会議では，以上に加え，生徒の個人心理の内面を深く微細に理解しようとする，教職とは異なる専門性をもつスクールカウンセラー（学校臨床心理士）を有効に活用し，いわば「鬼に金棒」の成果を得ている。教頭をはじめに，養護教諭，用務主事などが自分の立場から情報や理解の可能性を，体育が自分の接し方の工夫を提供し，国語が理解を促進し，化学がともすれば暗くなりがちな場の雰囲気を盛りたてることに腐心している様子にも着目してほしい。

適応指導教室（相談学級，適応教室）

　不登校児童・生徒の多くは外出することをためらい，家のなかに閉じこもりがちになる。関わりをもつのも，家族に限られてしまうことが少なくない。そのような子どもたちが学校以外に活動できる居場所として設置されたのが適応指導教室（相談教室・適応教室）である。文部省（1994）では「登校拒否児童生徒の学校生活への復帰を支援するため，教育センター等に登校拒否児を集め，個別カウンセリング，集団での活動，教科指導等を行う」場所として位置づけ，適応指導教室での活動により，不登校児童・生徒が社会性や集団適応能力を高め，学校復帰の足がかりとなることが期待されている。

　現状では，適応指導教室の組織や施設，活動等は，各自治体によって，かなりの違いがあるようである。多くの場合，各自治体の教育センター，教育研究所等に併設されており，学級担任や教育センターなどの紹介により，本人の希望によって通学することになる。不登校になった児童・生徒は，不登校になった学校（原籍校）に籍を置いたまま，適応指導教室に通うことができ，そこに出席した日数を原籍校での出席として扱うことができることになっており，不登校児童・生徒に対して，学校と家庭の中間的な存在として機能している。

　適応指導教室では，現職教員や教職経験者，心理学を専門とする者などが児童・生徒の指導にあたり，集団生活や対人関係などに困難を抱えた児童・生徒に対し，各自の社会性や集団に対する適応力，興味・関心等に合わせた関わりを行っている。活動内容も，学習を中心としている教室や児童・生徒の自主的な活動を中心とする教室等，施設や指導者の体制，適応指導のねらい，通学する児童・生徒の実状等に合わせてさまざまである。個別相談や遠足，宿泊体験，保護者会等を実施している教室もある。

　児童・生徒にとっては，話し相手・遊び相手としてスタッフや同年代の子どもたちがいること，学校生活よりも制約が少なく，自由な雰囲気があること，自分のペースで活動できることなどから，学校よりも通学しやすい場所となっている。教室に通う児童・生徒は，そこで自分の得意なことを見つけたり，新しい対人関係を築いたりして，自己信頼感を回復し，社会的適応や学校復帰の方向へ歩みだしていくことが可能になる。

　一方，いまだ適応指導教室のあり方が確立していないため，施設が十分でない，児童・生徒数に比して指導者の数が少ない，具体的な指導の方法が確立していない，現場の教員と十分に連携がとれない等の課題も残されている。

〔笠井〕

17 外部機関との連携

　教員は，さまざまなことがらについて多くの機関，関係者と連携しなければならない。その幅は，子どもの生活の広がりに応じて，非常に広範なものとなる。ここでは，連携を必要とすることがらを子どもの心の問題，すなわち精神障害や発達障害，不適応行動，非行，問題行動などに限定して述べたいと思う。

　連携するにあたっては，誰が，何について，そのどの部分を，どういう時期に，どこ（誰）と，何のために（何を目的に）連携するのかを明確にしていなければならないだろう。これらの点が曖昧なままで連絡をとった場合には，成果が得られないばかりか，事態を悪化させることさえあることを知っておきたい。

　ここでは，まず関係の諸機関にはどのようなものがあり，それぞれがどのような特色をもっているかについて簡単に記述したうえで，連携にあたっての留意点を論じる。

1. 外部関係機関の知識

(1) 教育センター，教育研究所（相談所）など

　地方公共団体に設置される研究，研修，相談機関である。都道府県に設置されているものでは，教育職の研修，研究の比重が大きいが，区市町などに設置されているものでは，相談事業が中核になっている。

　教員には最も身近な外部相談機関であり，不登校事例などでは，まずはじめに教員の念頭に浮かび，親に通所を勧めることも多いだろう。研究所の相談部門では，地域差はあるが，教職経験のある相談員と臨床心理を専門とする相談員とが協力して相談にあたっている。最近では，相談室とは別に不登校生徒のためのサポート学級が設置されている地区も多く，より幅の広い関わりができるようになっている。

　他方で，これらの機関には精神科医などのようなまったく異なる職域の専門家がおらず，ともすると教育領域の視点から抜け出しにくい傾向があることや，事例によっては，学校の匂いのしない場のほうが自分自身の問題に向き合いやすい場合があることも考慮しておきたい。

(2) 児童福祉機関

　児童福祉機関としては，養護施設，児童自立支援施設（旧法の教護院），情緒障害児短期治療施設などの入所施設もあるが，在籍生徒について直接の接触が必要になるのは児童相談所であろう。

　児童相談所は，各都道府県に数カ所あって，児童に関わる措置，判定，相談，保護などの業務を行っている。職員としては，児童福祉司，相談員，判定員，医師，保健婦，児童指導員などが置かれている。施設，陣容とも整っている機関だが，どの児童相談所でも措置，判定などの事務量が非常に多く，相談，治療部門に十分な力が割けないのが実状である。しかし，14歳未満の非行は，児童相談所に通告されることになっているし，一時保護の措置や児童福祉施設への措置を行うことができる公的機関は児童相談所だけなので，年少生徒の非行，虐待，遺棄などの事例では，処遇の要となる機関である。

　児童相談所では，ケースワーカーである児童福祉司が仕事の中核を担っており，地域担当性を敷いているので，連携の直接の相手は当該地域を担当する児童福祉司ということになる。

(3) 医療機関

　医療機関は，公立，私立の大きな病院，医療センターから，個人開業の医院，クリニックまで幅広くあるので，一律に論じるのは難しい。周辺地域の医療環境について情報収集をし，子どもの医療，相談について，信頼できる窓口を作っておくことだろう。都府県では，医療機関の一覧，概要を発行しているところがあり，手に入れておくと，適当な専門外来を開いている病院等を知るのに役立つ。

　狭義の医療機関ではないが，地域によっては，

養護施設……児童福祉法第41条にもとづく児童福祉施設であり，保護者のいない児童，虐待されている児童，その他環境上養護を要する児童を入所させて，養護し，自立させることを目的とする。年齢的には，乳児（乳児院に措置）を除く1歳以上満18歳未満の者が措置対象者であるが，児童相談所長の意見により，20歳まで収容を継続することができる。入所は，児童相談所の調査，判定を経て，措置決定される。都道府県立と私立の施設がある。

児童自立支援施設……児童福祉法44条にもとづく児童福祉施設。法改正により「教護院」から名称変更された。何らかの原因で不良，非行問題（夜遊び，窃盗など）を起こし，家庭，地域の教育，指導力では対応できなくなった子どものうち，小学校高学年からおおむね中学3年生までの（法律上は18歳までだが，年長者は少年院などに処置されることが多い）子どもを収容し，教護指導する。名称変更を機に，より広い行動問題をもつ子どもに対処しようとしている。

情緒障害児短期治療施設……児童福祉法にもとづく児童福祉施設。軽度の情緒障害を有するおおむね12歳未満の児童を短期入所させ，または保護者のもとから通わせて，その情緒障害を克服することを目的とする。医師，看護婦，臨床心理士，児童指導員などが配置され，本人，家族に個別的な治療，教育的働きかけがなされる。1997年現在で全国に16施設（定員775名）と数が少なく，最近の児童の情緒問題の増加，複雑化にともない，数的，質的充実が期待されている。

心身障害児相談センター，療育相談センターなどの名称で発達障害児童に対する総合的援助を行う専門機関もある。

(4) 家庭裁判所

児童，生徒が法に触れる行為をした場合には，警察が調べをしたうえで，14歳未満の場合には児童相談所に，14歳以上の場合には，事件によって直接あるいは検察庁を通じて家庭裁判所に送られる。生徒の問題行動が素行不良行為の範囲にとどまる場合は，地域警察や補導員などとの協力によって対処していくことになるが，いったん非行が事件として扱われることになると，具体的処置，処分を決めるのは家庭裁判所となる。家庭裁判所には心理学，教育学，社会学などを専攻した家庭裁判所調査官が配置されており，学校などとの連絡窓口になっている。審判のための情報や意見を求められることもあるので，そうした機会に積極的に家庭裁判所調査官に接触しておくとよい。司法領域は，国家権力の行使をともなうため，厳密な手続きが定められている。外部の者には理解しにくいことがらも多いので，家庭裁判所調査官と相談しながら，学校としての意向を反映できるようにする必要がある。

(5) 警察

地域における生徒の素行等について，地域の警察と連絡する機会があるだろうし，生徒指導担当者を中心とした学校側と警察の連絡会がある地域も多いので，警察との接触は比較的多いと思われる。学校と警察があまりにおもてだって連携することは，生徒指導上不都合が生じる場面もあると思われるが，近年では，生徒が犯罪被害者となったり，犯罪性の高い成人の影響の下に非行化することも多く，地域の防犯情報を得，必要に応じて具体的協力を得ることが必要である。警察もまた国家権力を行使する立場にあるので，個別の生徒，家族の人権には十分な配慮をし，必要以上のプライバシーを漏らすことがないよう注意すべきだろう。

なお，都道府県警察では，青少年相談室，少年センターなどの相談機関をもっているところもあり，心理，教育的な相談活動が行われている。

(6) その他の機関

大学付属相談所，個人開業相談室などがある。また最近は，学業不振児のための補習塾，学級等もある。いずれも一定の設置基準があって存在するものではないので，内容は千差万別であり，慎重な評価が必要だろう。他方で，公的機関を避けて民間機関に援助を求める者が相当数あることの意味も十分に考えておく必要があるだろう。

2. 外部機関との連携にあたっての留意点

(1) 教員の立場からの見立てと見通しを明確にしておく

　連携にあたっては，その児童・生徒に他領域の専門的処置が明らかに必要と思われるような場合であっても，教員は教員の専門的立場から，学校現場におけるその子どもの評価を明確にしておく必要がある。すなわち，「その子どもにどのような働きかけが必要か。自分はそのなかでどの部分を担うことができるか。できない部分はどこか。できない部分を担ってもらうのはどこ（誰）が適当か」ということである。さもないと，さまざまな実務の場で耳にしがちの「この子は，ここにいるべき子じゃない」という排除の論理につながってしまうのである。これは，決して健全な連携には発展しない。

　とりわけ，子どもにとって学校は，教育を受ける場であることを越えて，生活をする場であることには十分に配慮したい。まず生活の場をどのように保証するかを検討したうえで，専門的援助を探る道筋が必要だろう。

(2) 「うちの子」意識の弊害の除去

　学校は，子どもたちが長時間を過ごす生活の場であるからこそ，そこで時間を共にする教員は，子どもに対して「うちの子」という意識をもちやすい。このことは，多くの場合，担任としての責任感や子どもに対する親身な気持ちを保証することにつながり，好ましい結果を生むだろう。しかし，他機関との連携という局面では，こうした子どもとの距離の近さがマイナスに働くことがある。

　第一は，自分だけで抱え込んで他人の助けを借りることを潔しとしない傾向を生みやすいことである。ちょうど親が家庭内のことを外に知られるのを嫌うように，教員も感覚的に外部機関の眼にさらされるのを厭う気持ちをもつことがある。これを乗り越えるのはなかなかエネルギーのいることであるが，まずはこのような感情が自分のなかに生じていないかを日常的に意識し，検討しておくのがよいだろう。

　第二に，子どもとの距離感が乏しくなり，子どもの基本的な人権やプライバシーに対する配慮が乏しくなることにも注意したい。これは不用意に情報を漏らす危険性を生じると同時に，担任する子どものことは何でも知っておきたいという気持ちから，関係機関での子どもや親の言動を必要以上に気にかける態度にもつながる。問題や悩みをもつ親子は，親身になってくれる教師の存在をありがたいと思いつつも，気兼ねなく「別の自分」を表現する場もほしいと思う場合があることを知っておきたい。そ

の意味では，学校と連携すべき他の機関は適当な距離があるほうがよい場合も多い。

この点における具体的配慮としては，関係機関に連絡をとりたいときには，まず本人や親に聞いたり，これこれの意図で連絡をとりたいがいいかと断るのを原則と考えるべきだろう。

(3) 自分の所属する組織の論理と他組織の論理，人間観の違いを知る

教師は個人としても目標志向性の強い人が多く，さらに学校社会はその目標を集団のものとして掲げる傾向が強い。このことから，個々の生徒を見る場合でも，集団目標に照らしてどういう状態にあるかという眼で見る傾向が強いことは否めないだろう。

これに対して，先に見てきた他の機関は一般に，来談した対象者を「個」の視点から見ることが多い。さらにいえば，人間観も教育場面の目標達成モデルに対して，個人の充実ないしは成長モデルに立っている傾向が強いように思う。

この違いは，明確に分けられるものではなく，相対的な強調点の違いといったものであろうし，決してどちらが優れているというものでもない。しかし，こうした人間観の違いが存在するということは十分に意識しておく必要があるだろう。

さらに，機関にはそれぞれシステムのあり方からくる制約や独特の論理がある。医療機関では，当然のことながら治療が最優先され，学校側からすれば教育的配慮が軽視されているように感じることがあるだろう。また，守秘義務は相対的に厳しく守られ，教師は知りたいことを教えてもらえないと感じることがあるだろう。

司法領域でも守秘義務は厳しく，他方で情報の提供は求められるので，不公平のように感じられることもあるだろう。また，既述のように手続きが重視されるため，堅苦しく，「らちがあかない」と感じることがあるかもしれない。児童相談所の措置業務についても同じような感覚をもたされることがあるだろう。

これらは一定の権限を有する機関の権限乱用を防ぐために設けられた社会的制度であることを理解したうえで，それぞれの機関をうまく利用していく態度が望ましい。

(4) 感情的問題の整理

他機関，他専門家との連携の成否を左右する重要な要因が自分自身の感情処理の問題である。日頃親しんだ場を越えて，他機関の人間と接する場合には，さまざまな個人的感情が動くものである。そのいくつかについて簡単にふれてみよう。

第一に，誰であっても外部の人と接するときには，自意識が強くなり，日頃意識していない自分の職場の問題点などややネガティブな側面に眼を向けさせられがちである。どうしても内輪意識が強まり，他機関とのコミュニケーションに困難を感じたりすると，

同僚相手に他機関に対する批判的論評をすることになる。もちろんこうしたことは緊張解消のためにある程度は必要なことかもしれないが，度を過ぎれば，公平な全体状況の把握を阻害することになる。他機関の人と率直に接触できる資質を養っておくことが大切である。また，公平な視点を得るためには，既述のような各機関のシステム，役割の違いなどをとりあえずは知識としてだけでももっていることが役立つだろう。

　第二に，外部機関に相談することは，自分や自分の仕事の限界を感じさせられるように思え，どこかで引け目を感じて，対等な関係で相談ができない心持ちになることがある。ときには，一種の罪悪感に似た気持ちをもたされることもある。しかし，連携関係は上下関係でもないし，勝ち負けもない。あくまでも子どもにとって何が必要かを軸に据え，そのために互いにできること，すべきことをするという態度を維持することが重要であろう。

　第三に，(3)で述べたことに関連するが，学校は一般の外部機関に比べて，日常的に子どもや家族に接するという意味で心身ともに非常に負担の大きい職場である。ともすると何もかも抱え込まされるような気分になることもあろう。それに対して他の機関は，より明確に役割が定められ，守られているように感じられることも多いと思われる。上に述べたこととは逆に，他機関の関わりに腹が立ってくることもあるだろう。とりわけ深刻でつらい事例ほどストレスがたまり，自分ばかり苦労すると被害的になったり，逆に周囲に腹を立てたりしがちになる。

　しかし，連携というものは，子どもにとって必要なことを協力して分けもつことなのだから，たとえ必要な労力の9割までを自分が提供しなくてはならず，連携相手は1割だったとしても，必要な1割であったら，得るためには協力を受け入れなければならない。質の異なる1割が加わることで，9割の努力が生きてくるということが多いのである。

3. おわりに

　外部機関との連携がうまくいくためのいくつかの留意点をあげてきたが，いずれも多忙な教育現場のなかでは，「言うは易し行うは難し」である。ここでは，教員一人ひとりが心がけることとして記述を進めてきたが，現実の学校現場においては，個々の教員を取り巻く教員集団のあり方が大きな影響力をもつ。したがって，ここに述べてきた諸点に加えて，同じ職場によい相談相手がおり，オープンな議論のできる民主的な職場であること，その結果として自分の仕事と職場に自信と誇りをもっていることなどを，前提条件としてあげることができるだろう。

18 成長・変容を支えるさまざまな心理技法 I
——心理的援助の基盤と来談者中心カウンセリング

1. カウンセリングと心理療法の基本的考え方と技法

　心理的な問題に対して行う専門的な心理学的援助を心理療法（または精神療法），そのなかでも話し合いを中心としたものをカウンセリングと呼んでいる。

　ひと口に心理療法といっても，その理論や技法はじつにさまざまである。心理療法において，理論とは，一定の人間観・治療観を背景とした，心理学的援助に関わる知（知識・知恵）の体系であり，技法とは，心理学的援助の具体的方法を指す。しかし，ある理論を背景とした技法が多数ある一方，同じ技法が別々の理論のもとで用いられたりすることが事態を複雑にしている。数多く生み出されてきた心理療法のうち，わが国で比較的普及しているものを順不同にあげれば，来談者中心療法，精神分析療法，催眠療法，イメージ療法，行動療法，短期精神療法（ブリーフ・セラピー），箱庭療法，芸術療法，森田療法，内観療法，動作法，家族療法，集団精神療法などがある。これらのうち，森田療法，内観療法などは理論と技法が一体となったものを指すが，芸術療法，イメージ療法等は何を用いて治療を行うかによる命名であり，背景にある理論はさまざまである。

　このように多くの心理療法があるのは，心理的援助に関する理論が多数併存しているからで

> **箱庭療法**……ローエンフェルトの「世界技法」をもとにカルフが「砂遊び」と呼んで発展させた心理療法。日本では河合隼雄が「箱庭療法」と名づけて普及させた。砂箱の中にミニチュア（人，動植物，建造物，自然物など）を用いて作品を作ることを通して，精神内界（心のなか）の表現をうながす方法。子どもから大人まで幅広く適用できる。
>
> **森田療法**……森田正馬が独自の理論にもとづいて創始した心理療法。まず，隔離された場所で食事や用便以外の活動を禁じられて過ごす（絶対臥褥という）段階から始め，軽作業や日記，重作業や読書などが徐々に課されていく段階を経て，日常生活に戻るという方法をとる。とらわれを脱し，あるがままを受け入れることをねらいとしている。
>
> **内観療法**……吉本伊信が浄土真宗の一派に伝わる「身調べ」という求道法をもとに創始した日本独自の心理療法。内観とは静かな部屋にこもって自分をふりかえることをいい，具体的には，自分にとって重要な人物との関係を，「してもらったこと，して返したこと，迷惑をかけたこと」という3つの観点から想起し，調べるという方法をとる。

ある。そしてしばしば，それらの理論は相互に対立的である。たとえば，精神分析療法のように，本人にも自覚できない無意識という領域をも視野に入れて人間の心をとらえようとする立場もあれば，行動療法のように，無意識という観察できないものはしりぞけて理論を組み立てようとする立場もある。こうした状況は心理療法における混乱を示しているといえなくもない。しかし人間の心の複雑さを考えれば，それを一義的にとらえ，唯一の理論で説明し尽くすのは不可能なことであり，多様なアプローチがあって当然，とも考えられる。多数の心理療法の併存を，人間の心の複雑さ，多様さ，豊かさの反映と見れば，さまざまな立場があることはむしろ望ましいことかもしれない。また，先に「一定の人間観・治療観」という言葉を用いたが，心理療法の理論や技法の背景にはそれぞれに固有の価値観が潜んでいる（滝川，1998）。生きた人間が生きた人間を援助する心理療法は価値観抜きには成り立たないからである。

　○○療法というと，何か非常に特殊なことをするもののように思えるかもしれないが，実際はそうでもない。まず，ほとんどの治療法は，多くの時間を話し合い（カウンセリング）が占めており，一見特殊に見えるさまざまな技法はそのなかに織り込まれて用いられる。また人間は，心のなかのことをすべて言葉の次元で体験し，言葉で表現・伝達できるわけではないので，言葉以外の，絵画，イメージ，身体的活動などを，体験や表現・伝達の媒体として用いる工夫が，さまざまな技法を生み出したと考えればよい。心理療法とは，心のなかのことをいかに体験するか，いかに表現し，伝達するかについての工夫の集積であり，そのような工夫を通して，悩み苦しむ人の成長や変容を援助するものといってよいであろう。

2. カウンセリングの共通の基盤

　心理療法の理論や技法が多様であることは，それらがまったく接点をもたずに存在していることを意味するものではない。ここで，個々の理論や技法を超えて，心理療法が心理療法として成り立つ基盤について考えてみよう。なお，専門的援助である心理療法では，援助を求めて治療者を訪れる人をクライエントと呼ぶが，本章と次章では，学校場面等での非専門的援助をも視野に入れているので，治療者，クライエントではなく，援助者，被援助者と呼ぶ。また特殊な用具や方法を用いない，話し合いによる援助を中心に述べるので，心理療法ではなくカウンセリングという用語を使う。

(1) 利他の本能と共感性

　カウンセリングの出発点にあるのは，悩み苦しむ人を何とかしてあげたいと思う気

持ちである。専門家であれ非専門家であれ，その気持ち自体に変わりはない。神田橋（1990）はこれを利他の本能と呼んでいる。つまりカウンセリングとは，どの立場に立つものであれ，人間としての自然な心の働きにもとづいている。ただ，やみくもに世話をやくことが本人の助けにならないことも多いので，真に役立つ援助とは何かを吟味しながら蓄積されてきた経験知がカウンセリングの理論や技法なのである。このように考えれば，カウンセリングというものを理解しやすく，また，専門的援助と非専門的援助を連続性のある営みとしてとらえることも可能になろう。

利他の本能に次いであげるべきものは，援助者の被援助者に対する共感である。次節で述べる来談者中心カウンセリングのように，これを理論の中核部分にすえる立場もあり，理論自体に共感という概念を組み込まない立場もある。しかし，専門的援助者は理論的立場の相違を超えて被援助者に対し共感的であろうと努めているはずである。もしそうでなければ，専門的援助者とはいいがたい。

さまざまな立場のカウンセリングは，利他の本能と共感性を共有しながらも，それを基盤にどのように働きかければ被援助者の成長や変容に寄与できるかを工夫する段階で，観点の相違からアプローチの仕方が分かれていると考えれば，複雑な状況を大づかみに理解できるのではなかろうか。

(2) 言語的コミュニケーションと非言語的コミュニケーション

カウンセリングとは話し合いによる心理的援助であるが，重要なのは言葉のやりとりが「話し合い」のすべてではないことである。カウンセリングに限らず，話し合いにおいては，言葉だけではなく，表情，身ぶりなど言葉以外の要素が重要な役割を演じている。また，言葉のやりとりにしても純粋に言葉だけが行き交うことはありえず，言葉は必ず声に乗せて伝えられる。それゆえ，話し合いは「音声的（ヴォーカル）コミュニケーション」（サリヴァン，1954）なのであり，話し合いでやりとりされる声とは，歌詞（言葉）とメロディ（言葉以外の要素）をもった歌のようなもので，何を言うか（何という歌詞を唄うか）だけではなくどのように言うか（どんなメロディで唄うか）が重要となる。このように，カウンセリングでは言語的なものと非言語的なものが全体として援助者－被援助者間のコミュニケーションに関わっている。

(3) 援助者の役割

カウンセリングについての知識をもたない人は，援助者をよき指導者と思いがちである。しかし，指導者というよりは同伴者ないしは伴走者と見るほうがカウンセリングの実態に近い。確かに援助者は——専門的援助者の場合は特に——被援助者よりも

多くの心理学的知識をもっているが，だからといって，問題解決に向けて一方的に被援助者を導けることはほとんどないといってよい。援助者は，問題についてのよい解決方法を知っていてそれを教える人というよりは，被援助者の抱えている問題をめぐって共に悩み，共に考える人である。この意味で，カウンセリングは共同作業なのであり，一方的指導からは遠く離れたところに位置している。また，援助者は決して被援助者より人間として優れているわけではない。ただ，問題の渦中にある被援助者よりは相対的に気持ちにゆとりがあるため，親身になって胸を痛めつつも，一方では被援助者と援助者自身の心の動きをいくらか客観的に把握できる。それが，援助者が援助的役割を果たせる基盤なのである。

　また，援助者と被援助者の関係（援助的関係）は，顕微鏡をのぞく細菌学者と細菌の関係とは本質的に異なる。援助的関係において，自然科学者の観察道具に相当するものは援助者自身の心である。援助者が自分の心というきわめて主観的なものを「道具」にしながら被援助者に関わる以上，カウンセリングにおいて自然科学的客観性は成り立たない。また，援助者の関わり方そのものが被援助者に影響を与えることにもなる。このような点から，カウンセリングにおける援助者の役割は「関与的観察」（サリヴァン，1954）といわれる。

(4) 援助的関係の特徴

　身体的疾患で女性患者が男性医師の診察を受けるとき，患者が異性である医師に対して肌を見せることにさほどのためらいを感じないのはなぜであろうか。それは，男性医師がたとえば女性患者の裸の胸に聴診器を当てる行為は，医師としての役割からなされるのであって，男性としての個人的興味や関心からではない，ということが明確だからである。このように，医師と患者の関係は個人的な好悪や親疎にもとづく関係ではなく，職業的な役割にもとづく関係である。カウンセリングにおける関係もこの点では同じであり，援助者と被援助者が初対面のときでさえ「親にも友だちにも言えないような話」が語られるのは，両者の関係が，親や友だち以上に親しい関係だからではもちろんなく，一定の役割にもとづいた関係であることに被援助者が安心できるからである。逆にいえば，援助者と被援助者の関係には一定の枠が必要であり，そのような枠のなかで結ばれた関係であることを双方がわきまえていなければならない。

　カウンセリングにおける枠の重要性を示すために，河合（1975）があげている例を引用しよう。ある高校の女性教師が，不登校になった男子生徒の家を訪問することを続けていた。あるとき，映画が好きだと生徒が言うので，その教師は，家から一歩も出られない子が映画に行くのはいいことだと思い，一緒に見に行った。その後，生徒

はだんだん元気になり，登校できるまでになった。ところがそのうち，生徒が今度は音楽会に行こうと言いだし，教師に恋愛感情を抱いていることがわかった。そこで教師が，「私はあなたが特別好きなわけではなく，あくまで生徒の一人として見ているにすぎない」と伝えたところ，生徒は再び不登校になってしまった。

　このような結果を招いたのは枠についての配慮が足りなかったためである。悩み苦しむ人の助けになりたいという気持ち自体は尊いものだが，その気持ちは一定の節度をもって発揮されなければ，かえって被援助者を（ときには援助者をも）傷つけてしまうおそれがある。河合（1975）は，援助者と被援助者の関係を「深くて親しくない関係」と呼び，人間関係は，深くなると親しくなり，親しくならないようにすると浅くなりがちだと指摘している。カウンセリングの難しさの一端はこの点にある。

3. 来談者中心カウンセリング

　来談者中心カウンセリング（来談者中心療法）とはアメリカの心理療法家ロジャーズが提唱したものであり，わが国のカウンセリングにも多大な影響を与えている。その特徴は，人間の潜在的成長力に大きな信頼を置くことと，被援助者の成長や変容を促進する援助者側の要因の重要性を強調することにある。ここで，ロジャーズがみずからの理論を簡潔に語ったビデオ（巻末引用・参考文献参照）にもとづき，その概要を紹介しておこう。

　ロジャーズによれば，被援助者が成長するプロセスは援助者が作る「適切な風土」（適切な条件や関係）によって生じる。また，その風土とは，①純粋さ（自己一致）：すなわち被援助者との関係のなかで真実（real）であること，②受容（配慮，所有欲のない愛情）：すなわち被援助者を尊重すること，③被援助者の内面を内側から理解すること，の3つに要約できる[1]。そして，このような風土がもたらす被援助者の変化は次のようなものである。すなわち，被援助者は，相手から大切にされていると感じると，自分で自分を大切にするようになり，相手に理解されたと感じると，自分に耳を傾け，自分自身を理解しようとするようになり，相手に真実を感じると，自分自身に対して，より真実になれるようになる。

　以上のことを一言でいえば，人を変えるのは助言よりもむしろ関係である，ということになる。また次のようにもいえるであろう。人はそれぞれ自分に対する評価的感情をもっているが，それは他者との関係のなかで形成される。そのような事態は，人

（1）　②と③はそれぞれ，無条件の肯定的配慮（積極的関心），共感的理解，と呼ばれることが多く，①と合わせてロジャーズの3条件といわれている。

が，鏡に映った像という，自己の外にあるものを介してしか自分の顔立ちを認識できない事実と相似的であり，人は他者からの評価をいわば「鏡」として自己評価を形成していくのである。悩み苦しむ人への援助にはこのような関係性の理解が重要である。

　子どもたちのなかで起きるいじめの一つに「シカト」（無視）と呼ばれるものがある。これは，よく知られているように，ターゲットにされた子どもが何を言おうと周囲の者はあたかもその子が存在しないかのように振る舞う，というものである。上で述べたことから考えれば，このような仕打ちが当人にどのような心理的影響を与えるかは明らかであろう。自分があたかも存在しないかのように振る舞われるのは，たとえていえば鏡をのぞいても何も映らないのに等しい。このような状況が長く続けば，自分は他者にとって無きに等しい存在なのではないかという感覚が強まり，自分の存在の基盤が崩れていっても不思議ではない[2]。

　さて，来談者中心という観点に立つとき，被援助者に対して援助者が行う具体的な応答は以下のようなものになる（野島，1992）。

①感情の受容　「なるほど」「そうですか」などの応答をしながら聞きいる。
②感情の反映（反射）　被援助者の話に含まれた感情を，援助者が映し出して伝える。
③繰り返し　被援助者の話のエッセンスをそのまま繰り返す。
④感情の明確化　漠然とした感情を表明したとき，その感情を明らかにしてあげる。
⑤承認‐再保証　情緒的な支援，承認，強化を与える。
⑥非指示的リード　もっと具体的に問題に立ち入って表明してもらったり，説明を求めたりする場合に，「もう少し話してくれませんか」などと言う。
⑦フィードバック　被援助者の行動について，援助者がどう見ているかを伝える。
⑧自己開示　援助者が自分の感情や考えを適切に被援助者に伝える。

　これらの応答は単なる「技術」ではない。ロジャーズが指摘しているような援助者の態度が，具体的な言葉のなかに反映されたとき，援助者の応答が上のようなかたちをとるのである。たとえば「繰り返し」は，被援助者の言葉を単にそのまま繰り返すということではなく，被援助者が語ったことを援助者が心のなかで受け止め，被援助者の感じていることを被援助者の内側から理解し，それをそのまま伝え返したとき，結果的に被援助者の語ったこととほとんど同じ言葉になる，と理解すべきものである。

（2）　これに関連して，次の歌を参照されたい。元来はユーモラスな童謡であるが，読み方によっては別の意味が浮かび上がってくるであろう。
　　「とうめいにんげんが　うたを　うたったんだけど　とうめいにんげんの　うたは　とうめいだから　なにを　うたったのか　だぁれにも　わからないんだ／とうめいにんげんは　ほんとに　いたんだけど　とうめいにんげんて　やつは　とうめいだから　ほんとに　いたのか　じぶんでも　わからないんだ」（五味太郎作詞「とうめいにんげんなんだけど」より）

19 成長・変容を支えるさまざまな心理技法Ⅱ
——行動療法およびカウンセリングの教育への応用

1. 行動療法

　前章でふれた心理療法の多くが，ある傑出した一人の治療家によって生み出されたものであるのに対して，行動療法は，アイゼンク，ウォルピ，スキナー，バンデューラ，エリス，ベックなど何人もの研究者によって個別的に開発されたものの総称である点で，心理療法のなかでも特異な位置にある。このため，行動療法に統一的な定義を与えるのは困難であるともいわれている。しかし，おおまかには，実証的研究から得られた理論の臨床的応用という性格をもち，学習による行動変容を主要な手段にした治療法と理解できる。簡単にいえば，問題行動を，誤った学習による結果ととらえ，適応的な行動を学習させることによって問題解決を図ろうとするものである。

　山上（1992）を参照しながら，各種行動療法に共通する基本的特徴を述べれば次のようになろう。

❶具体的行動の重視　心理的な問題を「行動」としてとらえ，これを治療の対象とする。ここでいう行動は，外的行動のみではなく，考え方や感じ方（認知）まで含めた広い意味で使われている。また，問題を精神的な概念でとらえるよりも実際の行動としてとらえるという特徴があり，たとえば，「意志が弱い」とは具体的にどのような行動をとることをいうのか，といった見方をする。

❷仮説検証の重視　実証・経験主義にもとづいており，仮説を立て，それを検証するという手続きを重視する。そして，満足のいく結果が得られなければ仮説や治療方法を再検討し，新たな仮説や治療方法を考えていく。

　行動療法には複数の理論モデルがあり，それぞれに応じた技法が多数開発されている。それらは問題に応じて選択され，いくつかが組み合わされて使われることが多い。具体的な技法として，正の強化（ある反応の後に何らかの刺激［強化子］を与え，その反応の生起率を高める），正の罰（ある反応の後に何らかの刺激［罰］を与え，その反応の生起率を低める），シェイピング（強化を用いながら，単純な反応から複雑な反応へと段階的に反応を形成させる），系統的脱感作法（筋弛緩という，生理学的

に不安を抑制した状態で不安刺激を繰り返し与え，段階的に不安に慣れさせる）などがある（ベラック・ハーセン，1985）。

2. 行動療法的な観点からの問題解決への支援

　学校場面での子どもたちへの支援を考えるとき，前章で述べた来談者中心カウンセリングが，主として，援助者の態度や姿勢あるいは援助者と被援助者の関係といった理念的な面での示唆を与えるものであったのに対し，行動療法は，問題のとらえ方や問題への取り組み方といった実践的な面での示唆を与えるものといえよう。行動療法の実践面での特徴は何といっても具体性と客観性にある。つまり，問題を具体的にとらえ，具体的な目標を立ててその解決に取り組み，また，その取り組みがどのような成果をあげているかを客観的に評価しながら，期待された成果が得られなければ，よりよい取り組み方を考え直すのである。

　行動療法は学習理論などを応用した問題行動への対処方法であるが，見方を変えれば，人が，特に理論などを意識せず日常的に行っていることを組織化したものとも考えられる。たとえば，子どもが好ましいことをすればほめ，好ましくないことをすれば叱るなどは，親や教師が当たり前のこととして行っているありふれたやり方であるが，行動療法的にいえば，これらの対応は正の強化，正の罰に相当する。あるいは，いきなり難しいことに手をつけるより易しいものから少しずつ慣れていくほうがよいというのはごく常識的な知恵であるが，行動療法における系統的脱感作法やシェイピングの原理もこれと根を同じくしている。つまり，行動療法とは，人が本来もっている自然な傾向を組織的に活用する方法なのであり，自然に逆らった無理な努力を強いるものではない。また行動療法は，理論自体に援助者のあるべき姿勢や態度を組み込んでいるわけではないが，実際の援助においては，援助者の人となりが少なからず影響しているはずであり，いかに実証に耐えうる精緻な理論によろうとも，被援助者の心の痛みに対する配慮を欠く援助者のもとで問題が改善することは考えにくいのである。そして，さまざまな技法を駆使した問題解決への努力もまた，援助者と被援助者の共同作業である点で，他の治療法と変わるところはない。行動療法は，心理学理論を利用して人を都合のいいように操る方法などではなく，あくまで，問題を抱えている本人の立場に立って問題解決を模索するものだということを忘れてはならない。

　教師が行動療法から学べることとして，次の点をあげておこう。

　まず，問題を具体的な行動の次元でとらえることである。たとえば，勉強しなければいけないという気持ちはありながら，実際にはあまり勉強しない子どもを，「意志

が弱い」というように抽象的にとらえるのではなく，「勉強しなければいけないとは思いながら，見たいテレビがあるとつい見てしまい，勉強時間を2時間ほど減らすことが週に5日くらいある」というように具体的な行動の面からとらえるのである。そのうえで，問題解決に向けた対策や努力もまた，具体的に考えることである。たとえば「意志を強くする」という曖昧で抽象的な目標を立てるよりは，「ついテレビを見てしまうことをせめて週2日に減らすにはどうしたらいいか」という具体的な目標に向けて知恵を出しあうほうが目標の達成は容易であり，目標にどれだけ近づけたかも評価しやすいし，本人にとっても励みになりやすい。また，目標が達成できないときにも，何が妨げになっているかを具体的に考えることが容易になる。

このような視点は，問題解決の支援という営みに限らず，教育一般にも有用なものである。たとえば，「誠実であれ」「勤勉であれ」「中学生（高校生）らしくあれ」といった抽象的スローガンは，いかにもっともらしく見えようとも，実践的意味は乏しいものであろう。これは，抽象的な理想自体が無価値だという意味ではなく，抽象的なものを具体化するとどうなるかを考えることの重要性をいっているのである。

以上のように問題を具体的行動の次元でとらえることには一つの副産物がある。それは，問題を抱えた子どもを人格的な意味で不用意におとしめる危険から免れやすいことである。たとえば，子どもの問題を「意志の弱さ」と見ることは，その子どもの人格そのものをいくぶんなりとも低く評価するおそれをはらんでいる。問題を抽象的にとらえると，輪郭の曖昧さのために，ともすればその子の人格全体を覆う評価になりやすいからである。なお，いうまでもないであろうが，問題を具体的行動の面からとらえることは，問題を「表面的」にしか見ないということではなく，問題が具体的な面にどのように現れているのかを的確に見るということである。

3. 心理教育

心理教育といっても，そのような名称の学科があるわけではない。ここでは，子どもたちの心理的成長に役立つと思われる，教師の日常的関わりについて考えてみよう。

(1) 教育とカウンセリングの共通性

子どもの心理的成長を支援するためには，狭義の相談活動だけではなく，日常的な関わりが重要なのはいうまでもない。カウンセリングが，援助者の利他の本能（神田橋，1990）や被援助者の潜在的成長力など，人間に本来備わっている自然な心の働きに基礎を置いており，互いに支え合う日常の人間関係と不連続ではないことは前章で

も述べた通りである。それゆえ，カウンセリングにおいて重要なことは，ほぼそのまま日常的関わりのなかでも意味をもつ。子どもの潜在的成長力に信頼を置き，子どもを尊重すること，あえていうならば，伸びゆくいのちに対して畏敬の念をもつことが，教育の基本であろうと思われる。

　ここで重要なことは，相手を尊重するとは相手の言い分を無批判に受け入れることや自分の意見をもたないこととはまったく異なる，ということである。前章で共感の重要性についてふれたが，共感とは何かをここであらためて考えてみよう。

　まず明確にしておかなければならないのは，共感とはあくまで「感情」についてのものであり，「行為」についてのものではないということである。つまり，感情と行為は別ものなのである。感情は，「学校に行きたい気持ちと行きたくない気持ちが混じっている」というように，矛盾したものを含んでいるのが常態だといっても過言ではない。これに対し，行為とは原理的に二者択一的なものである（神田橋, 1990）。行為においては，たとえば「学校に行きつつ同時に行かない」ということはありえず，「行く」か「行かない」かのいずれかでしかない。感情と行為が別の次元にあるとはこのような意味である。

　子どもが万引きをしたとしよう。この場合，万引きしたかった気持ちを理解し受け止めることと，万引きという行為自体を是認することとは次元が異なる。それゆえ，気持ちには共感できるが行為は是認できないという事態がありえるのである。また，「そのような行為はすべきではない」と明確に伝えることは必ずしも共感と矛盾しない。逆に，行為を是認しつつ気持ちには共感できていないということもある。子どもとの関わりにおいては，このように感情と行為を区別し，共感と是認とを混同しないことがきわめて重要である。

(2)　共同作業としての教育と関与的観察

　前章で，カウンセリングは共同作業であると述べた。子どもを教え育てる営みも，実は，教師から子どもへの一方的働きかけではなく，共同作業なのではなかろうか。これは，教師は子どもに教えるだけではなく子どもから教えられることもあるという意味ばかりではなく，育てる側と育てられる側の相互交流から人は育つということであり，また，どのように育ちたいかという，育てられる側の希望や意向を汲みながら教育は行われなければならないということでもあり，さらにまた，進むべき道を育てる側がつねに見通せているとは限らないのであるから，どのように育てればいいのかを，育てられる側とともに考えながら歩まなければならないということでもある。

　前章で述べた関与的観察はカウンセリングにおける援助者の役割であるばかりでは

なく，子どもを教え育てる教師の役割でもあろう。子どもの自殺などの痛ましいできごとがあると，「こうなる前に何かサインがあったのではないか」「サインを見落としていたのではないか」などと言われることがある。この場合のサインとは「客観的観察者がとらえたかすかな兆候」というほどの意味であろうが，「サインを見落としていたのではないか」としばしばいわれる事実は，子どもの発するものが客観的観察者の目にいかに止まりにくいかということを示唆している。子どもの発するかすかなものを敏感にキャッチしようと思えば，ふだんから関与的観察を怠らないことが肝要である。また，関与的観察という対人的文脈のなかでは，子どもの発するものは「サイン」ではなく「メッセージ」となるであろう。

(3) 交流することと見守ること

　カウンセリングは援助者と被援助者のコミュニケーションであり，このコミュニケーションは両者の関係を作るためばかりではなく，被援助者の内的コミュニケーションをうながすためにもある。つまり，被援助者は，援助者とのやりとりを通して，自分で自分を見つめ，自分で自分を考え直し，自分なりに問題を乗り越えていく道を探るのである。このことは，カウンセリングばかりではなく，基本的には教師と子どもの日常的関わりにおいてもあてはまるものと思われる。では，教師は子どもの内面に深く立ち入れば立ち入るほど，子どもの成長にとって好ましい影響を及ぼすことになるのであろうか。

　小学生は手近で具体的な問題について悩み，高校生や大学生は「自分とは何か」といった内面的な問題を言葉で表現しようと苦しむのに対し，その中間にある中学生は，さまざまなものに「大きな疑問符」がついているが，答えを自分で見つける力も，疑問を言葉で表現する力もまだない。このため，中学生は内的な問題を抱えていても，表現に乏しく，たとえ表現されてもそれは手近なところからの借りものであることが多い（中井，1984）。このような段階にある中学生は，生きることの意味を正面から問うような鋭い疑問を大人に突きつけることのある高校生や大学生とは異なり，一見些細で表面的な話題しか提示できなくても不思議ではない。しかし，そのような話題の背後には，自分でも明確に把握しがたいであろう内的な問題が潜んでいると見なければならない。また，一見表面的な話題の背後にある問題を明確に表現するよう性急に求めても本人を困惑させるだけに終わるおそれがある。

　発達途上の子どもが，内的問題を自分で把握し，表現できるようになるには時間の経過が必要である。それは，蛹の羽化に時間がかかるのと同じことである。そして，蛹に対する望ましい接し方は，殻の内部で進行する成熟の過程を邪魔せず見守ること

である。それゆえ，子どもの心理的成長を支える教師の営みには，交流することと見守ることの両方が必要なのである。まだ自己の基盤が脆弱な段階にある子どもたちに対し，大人は，手応えのある存在として交流しつつも，踏み込みすぎて攪乱させることがないようにするという困難な役割を引き受けざるをえない。

4. 家族への支援

　最後に，教師が子どもの家族を支援する際の留意点について考えてみよう。
　問題を抱えた子どもに対する理解が深まると，親に対して批判的な眼を向けやすくなる。子どもの問題が親との関係に由来していることなどが見えてくるからである。確かに，子どもが抱えている問題の背景に養育上の問題があることは少なくない。前章で述べたように，人は他者との関わりのなかで成長していくのであり，通常，子どもが最も影響を受ける他者は親だからである。しかし，そのことと，ただちに親を批判することとは別の問題である。あるいは，親への批判は子どもの問題改善にはつながりにくい，といってもよい。それには次のような理由が考えられる。
①論理上の問題　親の育て方が子どもの問題の一因であるとして，ではその親がどうしてそういう親になったのかと考えてみると，そういう親を育てた人，つまり「親の親」に批判の眼を向けなければならなくなるであろう。さらに，その「親の親」を育てたのは誰かを問題にすれば，「犯人探し」の連鎖は無限に続くことになる。
②方策上の問題　親を批判した場合，その批判自体が当を得たものであったとしても，親が率直に自分の非を認め，それを改善すべく努力するとは限らない。場合によっては，批判者が逆に批判される結果を招き，子どもの問題改善に向けて親と教師が協力できなくなる可能性もある。目標は親を批判すること自体ではなく，子どもの問題を改善することなのであるから，これは方策としても賢明ではない。
　子どもの問題改善をめざして親との関わりをもつ際にも，これまでに述べてきたカウンセリングの基本が生きる。すなわち，親を尊重し，親とともに考える姿勢や，何が問題なのかを具体的に考える視点が重要なのである。その場合にも，親を尊重することが親の養育上の問題を是認することでないのはいうまでもない。

20 青年にとって魅力ある教師

「魅力ある教師像」とは，自明のことのようでいて，実際には人それぞれでニュアンスが異なるものであろう。とはいえ，理想的な教育とは，時代・文化・諸々の条件のなかにある子ども一人ひとりの気持ちを汲むものでありながら，その基盤には普遍的要素があるように思われる。ここでは，子どもたちが教師に求めるもののうち，今も昔も変わらない，本質的な部分について考えてみたい。

1. 子どもからみた教師

中学生，高校生の頃にかえったつもりになって，どんな先生が好きだったか，どんな授業が楽しかったか，どんな目で先生を見ていたか……と，思いめぐらせてみる。それを，教職を志す現在の自分が日頃考えている教師像と較べると，どんな感想をもたれるだろうか。めざす教師像は，かつて生徒として出会った先生に理想像を見いだし，それをモデルにしようとしている場合があろう。なかには，学校時代，教師とのよい出会いに恵まれず，青年が求めているのはこういう教師のはずだ，と教師の理想像を模索しつつある場合もあろう。

どんな些細なできごと一つとっても，そこにはさまざまな側面があり，受け止め方も人による。教師と生徒の立場の違いからいって，子どもから見た教師，教師から見た教師，これらは一致しえない，次元が違うことのようにも思える。しかし，この両者の隔たりをつなぐ糸をさぐり，違いを超えて共有できるものを感じようとすることは，理解や信頼を実現するための鍵となると思われる。日々の忙しさを少しの間忘れて，大人になるに従って失われがちなある種の感性を呼び起こすつもりで，折にふれ子どもの視線で考えてみるということは，やはり大切なことであろう。

相手の立場になって考える，と当たり前のようにいっても，その実，非常に困難なことであり，これで十分とか満点ということはまずない。しかしだからこそ，ここではできるだけ生徒たちに身を添わせるつもりで，子どもから見た教師について考える。子ども（の指導）について学ぶというより，私たちが，自分のものの見方，子どもを

みる自分自身のまなざしに，客観的に目を向ける機会にできればと思う。

2．挫折体験をもつ子どもたちの言葉から

　ここに紹介するのは，筆者が平素の心理療法実践のかたわら，ささやかな関わりを十数年続けているある中間施設に通う青年たちの言葉である（村瀬，1996）。年度の節目に，自分の過ごし方やこれからを考えるという話し合いのなかで，過去の学校生活にまつわるさまざまなことがらや気持ちに自然にふれるというかたちで語ってもらった。

　協力してくれたのは，16～22歳，21名（男子14名，女子7名）。不登校，情緒障害や軽度発達障害のために学校生活中断を余儀なくされ，さまざまな治療，相談機関を経て，この中間施設に至っている。午前中は通信高校の課題や免許取得に取り組む個別学習クラス，基礎学力修得のための小クラス制の授業，午後は運動という一日で，社会への巣立ちに向けて，各種技能養成や実習が一人ひとりの状態に応じて盛り込まれている。ここでの基本的な約束事項は，「いままでの生活で自分が嫌だと感じたことは人にしないこと，自分が見つかったら卒業」である。障害の重さを感じさせない明朗さ，というのがここを訪れた人たち一様の感想である。

　主な質問とその傾向をまとめると次の通りである。

①**学校生活でのよい（楽しかった，懐かしい，嬉しかった……）想い出**　「学校と名のるところでのよい想い出は皆無」という答えが2名。小・中学校時代に何らかのよい経験を想起した者，9名。後の10人は現在の施設を学校と考えて（彼ら自身，また近隣社会の人々も，学校ととらえている）ここでの経験をいろいろあげている。

　小・中学校時代の具体的経験で，先生も含め，人と関わることや状況をあげた者はわずか2名で，自分が何かできるようになったとか，何をしておもしろかったという自分一人の行為や場面をあげており，集団生活のなかにあって，人との関わりが乏しく，影の薄い存在であったらしいことが特徴である。楽しいことであるにもかかわらず，叙述は平板で感情があまりこもっていない。

②**学校生活での嫌な想い出**　ほとんどの青年が友だちからいじめられた経験をあげている。その時期は小学校4名，中学校10名，高校1名，時期限定のないもの（幼稚園から以後小学校時代ずっといじめられ続けていた，というニュアンスの答え）がほとんど。

前項の「楽しかった想い出」の項目に比べ，きわめて具体的になまなましい経験事実が感情を込めて語られ，「気づいても知らないふりを大人はした」「はじめから馬鹿扱いされて，見捨てられていた学校生活」「憎しみは一生消えないと思う，苦しい」「怒りは忘れられない」等，その苦痛な時期や場面を離れた後も，その痛手は深く残り，現在の適応様式やパーソナリティにも影を色濃く残している。

❸**学校の先生に望むこと，期待すること**　「特にない」「あまり期待するのはよくないのでは」という答えが最も多く7名。悟りともあきらめともつかないこうした答えにこそ，過去に何かを強く望んだ形跡を感じるべきかもしれない。

　望むこととしては，「やさしい先生」が5名，「親身になってくれる親代わりのような先生」が4名，その他，「問題から逃げない」「人の気持ちがわかる」「明るい先生」「体罰しない」等。

　期待することとしては，多い順に，「いじめに気づいてほしかった」「勉強できない生徒のことも忘れないでほしい」「一人ひとりを念頭においてほしい」「たまには声をかけてほしい」「おもしろくてしかも厳しさのある先生がいい」「公平さ」等。

　「対処するだけでなく，本当に全身かけて守ってほしかった」という答えは，まさしく根源的問いかけである。

❹**カリキュラムや授業の方法について望むこと**　「授業はつまらなかった」「楽しくなかった」という答え，13名。「進度が早くて難しい」という答え，9名。

　この中間施設に来てからの免許取得のための勉強は「目的があり，わかりやすく面白かった」3名（答えに重複あり）。「わかる楽しさを知ってみたい」等という切実な声や，できのよくない生徒としてクラスにいたときのやるせなさ，怒りを感情を込めて訴える者があった。

❺**もう一度学校生活を送るとしたら，何をどのように期待するか，自分自身はどうありたいか**　「もう学校生活はたくさん，行きたくない」「今の中間施設で初めて居場所があると感じて満足している」「これから先の将来へ気持ちを向けたい」という答えが13名。残り8名は「弱気な性格をなおしたい」「明るく活発になれるよう委員をやってみたい」「スポーツや生徒会をやってみたい」「経験不足を取り戻して立ち直りたい」と言う。彼らがその実現を図る場は違え，一様に成長変容の希望を抱いていることに留意するべきであろう。

これらのかつて学校生活で疎外，挫折感を味わった青年たちの言葉から，教師には，次のようなことが求められているのではなかろうか。①自分の力に相応したわかる喜びを味わえるような学習体験，②素質に個人差はあっても，誰しもがその存在をよし，と人として認められること，③言葉や技術はもちろんのこと，それを支える己の存在をかけて，生徒のことを考えてくれる。

　いずれも私どもに向けられた厳しい問いかけである。特に③は，教師が自分自身，生の意味を自らに問うているか，という重く根源的な問いかけである。これらの問いに答えるには，どのような要因が求められるかを次に考えてみよう。

3．生きる希望，生きる喜び

(1) 良識と自由度

　教師としてという以前に一人の人間としてどうか，という生徒の問いかけは切実である。教師の役割はもちろん，教師であることの土台に，ある程度健全な判断力を備えていなければ，生徒にとって意味ある存在にはなりえない。かといって，ある価値基準に縛られたり，責任感のあまり気負いが表出しても，生徒は息苦しく，一種の通じなさを感じるだろう。一歩先に立ち導き，方向性や可能性を提示しながらも，子どもが自分で考える余地を残す余裕がほしい。結果はともあれ，主体性そのものは尊重されることによって，子どもは将来に希望を抱くと同時に，規律や責任の意味を学んでいくのではないだろうか。

(2) 実力とマニュアルを超えた創造性

　子どもの関心・個性はさまざまでも，必ず，それぞれがすばらしい可能性を秘めている。知りたい，学びたいという気持ちに応じられるだけの実力は，やはり必要であろう。そして，基本は満たしながらも，一人ひとりの興味に訴える授業，そうした雰囲気はマニュアルからは生まれない。実力をベースに，工夫し研究する姿勢が大切であろう。先生自身が楽しんで，学ぶ喜びを味わっている授業は，あらゆる生徒に対し，学ぶことの本当の意味を伝え，励まし，「わかる喜び」をおくることができるのではないかと思う。

　期待を裏切らないだけでなく，予想を越えてくる何かがある先生というのは，青年にとって，最も魅力ある大人のうちに含まれるであろう。

⑶ 繊細，濃やかな感性

　思春期青年期という季節は，不安定であり，すなわち変化のときである。子どもの変化を敏感に感じとれること，たとえ，一見好ましくない変化にも，その子にとっての成長の要素を見いだせる柔軟なセンスが求められるのだろう。理解しようと努めながらも，決めつけたりわかったつもりにならぬように堪えるのは難しいことであるが，揺れ動く子どもたちを見守るというのは，こうした労力を要することなのかもしれない。大らかに受け止められ，見守られている安心感に支えられて，子どもたちは，苦しい試行錯誤のなかにあっても，自らの成長に期待をもてるのだろう。

　そのためには，教師の側に，多軸で考える頭，感性豊かであることが求められる。そして，あっさりと，簡潔明快であること。とりわけ青年たちは，誠実でしかも感情的でない，慢心せずにどこかクールな先生を好むものである。教師という仕事に対して，謙虚さと適度な批判力をもっていたい。

⑷ モデルとなりうる

　憧れの対象として，その人のあり方が子どもに希望を与える，というのは教師がもちうるすばらしい影響力であり，魅力である。公平さ，やさしさだけでなく厳しさも含んだ情の深さ，安定感など，信じられる大人という要素も含まれよう。

　欠点や悩みを抱えながらも誠実さ純粋さを失わずになんとかやっている，生身の人間としての姿も，また違った意味で，生きるということを子どもに示すだろう。存在そのものをよしと認めたい，認めてほしいという子どもの気持ちに応えるには，自分自身の問題や人間性を見つめてみる勇気がいるのかもしれない。

　好きな先生をモデルに，子どもは自分の将来を明るい気持ちで思い描いたり，時には現実的に検討していくのだろう。

⑸ 自分の世界をもっている

　人生を楽しむことを体現しているような人ともいえよう。生きる喜びを教えてくれること，尊敬の対象となりうること，適度な距離感が保てることなどがその魅力である。

　教師の「自分の世界」は，印象深い授業によっても，また，趣味，ライフスタイル，哲学など，さまざまなことから生徒に伝わるだろう。その教師の学校以外の生活，学校生活を越えた次元での価値観も，生徒にとっては興味深く，自分探しの重要な材料になっていると思われる。自分探しを始めた生徒たちにとって，人はみな違う，人それぞれの幸せ，喜びがあってよいと知ることは，大きな支えとなりうる。先生の先生

以外の顔や，ただ先生というだけではない面白さに出会うとき，生徒からすると，いろいろなかたちでそうした世界を共有してみる楽しみもあるように思われる。また，そこから得られる情報は，関心を広げてくれたり，参考になったり，励みになったりするが，決して青年の独自性・主体性を侵害しないところがいいのだろう。

4．あるエピソードから

　子どもたちが話してくれた内容を考えているうちに，教育評論家，丸岡秀子氏が控えめに語られたエピソードが思い出された。80歳を過ぎた氏のもとをある日のこと，永年の教員生活を定年まで務めて先日退職した，といって一人の60歳になったという女性が訪れる。そして大切そうに包みを開けると，一足の古びた上履きが現れる。けげんに思う丸岡氏に向かってその女性は静かに語り始める。

　彼女は丸岡氏が奈良女子高等師範学校卒業直後，若くして勤めたある女子師範学校の教え子なのであった。家族関係の重荷に苦しむ彼女はある夜，学寮を抜け出して自殺企図を試みる。職員会議では，生徒たちの将来を導く聖職者たらんとするものとして，あるまじき行為と，彼女の即刻退学を決議しようとする。丸岡氏は，若いときの思考の足りなさと，意思の弱さを育み教える営みのなかで変容させることこそ，必要であること，今，彼女から直ちに師範学校の生徒という立場を奪って，葛藤の多い自宅に引き取らせることは，いっそう彼女を追いつめることにもなりえること，この教育の場で手を差し伸べることがいかに大切かを，自らの職をかけて覚悟の辞表を手に述べる。その生徒は学業継続を許されたが，丸岡氏は引責辞職をしたのである。事情を後に他の教師から伝え聞いたこの女子師範学校生は，東京へ去った丸岡氏の置き忘れた上履きを，その後教職にある間お守りとして，もち続けた。そして，丸岡氏の行為から伝えられたことを胸中に，教師として自分の最善を尽くそうと心してきたのだ，という……。

　言葉が本当に相手の心に届くには，何が必要か，この古くて新しい本質的問いに対して，このエピソードはまことに示唆深いように思われる。

さらに学ぶために──参考文献

1 部　中学生・高校生という時期

江川紹子・NHK少年少女プロジェクト（編）1998『証言10代──もっと言いたい！　私たちのこと』（NHKスペシャル・セレクション）NHK出版

落合良行（編）1998『中学一年生の心理──心とからだのめざめ』（New心理学ブックス）大日本図書

落合良行（編）1998『中学二年生の心理──自分との出会い』（New心理学ブックス）大日本図書

落合良行（編）1998『中学三年生の心理──自分の人生のはじまり』（New心理学ブックス）大日本図書

清永賢二　1997『漂流する少年たち──非行学深化のために』恒星社厚生閣

佐治守夫（監修）1995『思春期の心理臨床──学校現場に学ぶ「居場所」つくり』日本評論社

村瀬　学　1999『13歳論──子どもと大人の「境界」はどこにあるのか』洋泉社

村瀬孝雄　1995『アイデンティティ論考──青年期における自己確立を中心に』誠信書房

NHK「14歳・心の風景」プロジェクト（編）1998『14歳・心の風景』NHK出版

西平直喜　1990『成人（おとな）になること──成育史心理学から』（シリーズ人間の発達4）東京大学出版会

2 部　青年の成長と環境

蘭　千壽・古城和敬（編）1996『教師と教育　集団の心理』（対人行動学研究シリーズ　2）誠信書房

エリクソン，E. H.（小此木啓吾／ほか訳）1973『自我同一性』誠信書房

福島　章　1965『非行心理学入門』（中公新書）中央公論社

福島　章　1991『イメージ世代の心を読む──疑似現実はどういう人間を生み出したか』新曜社

梶田叡一　1980『自己意識の心理学』東京大学出版会

笠原　嘉　1977『青年期──精神病理学から』（中公新書）中央公論社

河合隼雄　1996『大人になることのむずかしさ──青年期の問題』（子どもと教育）（新装版）岩波書店

近藤邦夫　1995『子どもと教師のもつれ──教育相談から』（子どもと教育）岩波書店

松原達也　1999『自分発見「20の私」』東京図書

箕浦康子　1990『文化のなかの子ども』（シリーズ人間の発達　6）東京大学出版会
村瀬嘉代子　1996『よみがえる親と子——不登校児とともに』（子どもと教育）岩波書店
宮田加久子　1991『無気力のメカニズム——その予防と克服のために』誠信書房
村瀬孝雄　1996『中学生の心とからだ——思春期の危機をさぐる』（新版）（子どもと教育）岩波書店
村山正治・山本和夫　1995『スクールカウンセラー——その理論と展望』ミネルヴァ書房
西平直喜　1992『成人になること』東京大学出版会
大平　健　1990『豊かさの精神病理』（岩波新書）岩波書店
佐治守夫（監修）1995『思春期の心理臨床』日本評論社
サリヴァン，H. S.（中井久夫・山口　隆／訳）1976『現代精神医学の概念』みすず書房
竹内常一　1987『子どもの自分くずしと自分つくり』東京大学出版会
滝川一廣　1994『家庭のなかの子ども学校のなかの子ども』岩波書店

3 部　成長の節目としての危機

青木省三　1998『思春期こころのいる場所——精神科外来から見えるもの』岩波書店
青木省三・塚本千秋（編）1999「特別企画：心理療法における支持」『こころの科学』83, 日本評論社
アスキュー，S.・ロス，C.（堀内かおる／訳）1997『男の子は泣かない——学校でつくられる男らしさとジェンダー差別解消プログラム』金子書房
江原由美子・長谷川公一ほか　1989『ジェンダーの社会学——女たち／男たちの世界』新曜社
榎本博明　1998『自己の心理学——自分探しへの誘い』サイエンス社
笠原　嘉　1977『青年期——精神病理学から』（中公新書）中央公論社
河合隼雄　1983『大人になることのむずかしさ』岩波書店
レベンクロン，S.（菊池幸子・森川那智子／訳）1987『鏡の中の少女』（集英社文庫）集英社
村瀬嘉代子　1995『子どもと大人の心の架け橋——心理療法の原則と過程』金剛出版
村瀬孝雄　1995『アイデンティティ論考——青年期における自己確立を中心に』（自己の臨床心理学　2）誠信書房
村瀬孝雄（編）1984『青年期危機の心理臨床』（講座心理臨床の実際　8）福村出版
坂野雄二（編著）1999『スクールカウンセラー事例ファイル⑥　性』福村出版
斎藤誠一（編）1998『青年期の人間関係』（人間関係の発達心理学　4）培風館
ささやさなえ　1996『凍りついた瞳』（子ども虐待ドキュメンタリー）（集英社文庫）集英社
柴山茂夫・田村和三　1995『進路選択の心理と指導』学術図書出版社
下山晴彦（編）1998『教育心理学 II——発達と臨床援助の心理学』東京大学出版会
清水弘司　1995『10代の性とこころ』（ライブラリ思春期の"こころのSOS"　4）サイエンス

社
竹内常一 1987『子どもの自分くずしと自分つくり』東京大学出版会
滝川一廣 1993『家庭のなかの子ども　学校のなかの子ども』岩波書店
滝川一廣（編）1998「特別企画：中学生は，いま」『こころの科学』78，日本評論社
紡木たく 1986『ホットロード』集英社
鑪　幹八郎 1990『アイデンティティの心理学』(講談社現代新書) 講談社
氏原　寛・東山弘子・岡田康伸（編）1990『現代青年心理学——男と女の状況』培風館
吉田秋生 1986『櫻の園』小学館

4部　青年の成長と変容への支援

蘭　千壽・古城和敬（編）1996『教師と教育集団の心理』(対人行動学研究シリーズ 2) 誠信書房
土居健郎 1992『方法としての面接——臨床家のために』(新訂) 医学書院
エランベルジェ，H. F.（中井久夫／文・訳）1999『いろいろずきん』みすず書房
古畑和孝 1983『よりよい学級をめざして——学級心理学の基本問題』学芸図書
稲垣忠彦ほか 1991『障害児教育——発達の壁をこえる』(シリーズ授業 10) 岩波書店
狩野素朗 1985『個と集団の社会心理学』ナカニシヤ出版
河合隼雄 1970『カウンセリングの実際問題』誠信書房
河合隼雄 1985『カウンセリングを語る』(上・下) 創元社
河合隼雄 1992『子どもと学校』(岩波新書) 岩波書店
河合隼雄 1995『カウンセリングを考える』(上・下) 創元社
河合隼雄 1995『臨床教育学入門』岩波書店
河合隼雄 1998『河合隼雄のカウンセリング入門』創元社
久能　徹・末武康弘・保坂　亨・諸富祥彦 1997『ロジャーズを読む』岩崎学術出版社
倉光　修（編）1998『その活動とネットワーキング』(河合隼雄・大塚義孝・村山正治／監修，臨床心理士のスクールカウンセリング 2) 誠信書房
近藤邦夫 1994『教師と子どもの関係づくり——学校の臨床心理学』東京大学出版会
村瀬嘉代子 1995『子どもと大人の心の架け橋』金剛出版
村山正治・山本和郎（編）1995『スクールカウンセラー——その理論と展望』ミネルヴァ書房
無藤　隆・市川伸一（編著）1998『学校教育の心理学』(教育演習双書 2) 学文社
森岡正芳 1995『こころの生態学』朱鷺書房
成田善弘 1981『精神療法の第一歩』治療新社
西山　啓（監修），平井誠也・髙橋　超・石井眞治・井上　弥（編）『教師のための教育実践心理学』ナカニシヤ出版
ノディングズ，N.（立山善康／ほか訳）1997『ケアリング——倫理と道徳の教育：女性の

観点から』晃洋書房
岡本夏木　1985『ことばと発達』（岩波新書）岩波書店
ロジャーズ，C.（友田不二男／ほか編）1966〜1972『ロージァズ全集』全23巻，岩崎学術出版社
佐治守夫・飯長喜一郎（編）1983『ロジャーズ　クライエント中心療法』有斐閣
滝川一廣　1994『家庭のなかの子ども　学校のなかの子ども』岩波書店
田尾雅夫　1991『組織の心理学』（有斐閣ブックス）有斐閣
辰野千寿　1985『教室の心理学』教育出版
堤　啓（監修，思春期発達研究会ふくおか（編）1996『保健室の先生――養護教諭の実践記録と精神科医のコメント』金剛出版
氏原　寛・谷口正巳・東山弘子（編）1991『学校カウンセリング』ミネルヴァ書房
鵜養美昭　近刊「スクールカウンセリングと教師の役割分担」安香　宏・村瀬嘉代子・東山紘久『子どもの心理臨床』（臨床心理学体系 20）金子書房
鵜養美昭・鵜養啓子　1997『学校と臨床心理士――心育ての教育を支える』ミネルヴァ書房
山上敏子　1990『行動療法』岩崎学術出版社

引用・参考文献

1　中学生という時期
ベネッセ教育研究所（編集・制作）1998『モノグラフ・中学生の世界』59（特集：閉塞状況の中の生徒たち）ベネッセコーポレーション
岡安孝弘・嶋田洋徳・丹羽洋子・森　俊夫・矢富直美 1992「中学生の学校ストレッサーの評価とストレス反応との関係」『心理学研究』63（5），310-318頁
西平　直 1995『選別・競争・アイデンティティ』（講座学校　1）柏書房

2　高校生という時期
愛知県高校教職員組合 1998「'98愛知の高校白書」（中日新聞1998年10月5日付）
ベネッセ教育研究所（編集・制作）1998『モノグラフ・高校生』53（特集：社会とのスタンス）ベネッセコーポレーション
厚生省 1999「性感染症に関する特定感染症予防指針作成小委員会報告」（徳島新聞1999年7月22日付）
静岡県厚生保育専門学校 1995「高校生の性意識・性行動の実態と課題」
総務庁青少年対策本部（編）1996「日本の青少年の生活と意識——青少年の生活と意識に関する基本調査報告書」
東京都生活文化局女性青少年部 1996「中・高校生の生活と意識に関する調査」

3　青年期の発達の特徴
村瀬孝雄 1996『中学生のこころとからだ——思春期の危機をさぐる』（新版）（子どもと教育）岩波書店

4　友人と家族
Carter, B. & McGoldrick, M. (Eds.) 1989 *The Changing Family Life Cycle : Framework for Family Therapy* (2nd ed.).　Boston : Allyn & Bacon.
平木典子 1996『家族カウンセリング入門——家族臨床援助』安田生命社会事業団
保坂　亨 1998「児童期・思春期の発達」下山晴彦（編）『教育心理学 II』東京大学出版会
河合隼雄 1996『大人になることのむずかしさ』（子どもと教育）岩波書店
村瀬嘉代子 1997『子どもと家族への援助——心理療法の実践と応用』金剛出版
村瀬孝雄 1996『中学生の心とからだ——思春期の危機をさぐる』（新版）（子どもと教育）岩波書店
村瀬孝雄 1995『アイデンティティ論考』（自己の臨床心理学　2）誠信書房
中釜洋子 1998「気持ちを伝えられない子どもたち　自己開示をためらわすもの」『児童心

理』692（特集：上手な気持ちの伝え方）金子書房，47-55頁
斉藤誠一（編）1996『青年期の人間関係』（人間関係の発達心理学 4）培風館
佐治守夫（監修）1995『思春期の心理臨床』日本評論社
菅　佐和子 1990「思春期」小川捷之ほか（編）『ライフサイクル』（臨床心理学大系 3）金子書房
Sullivan, H. S. 1953. *Conceptions of Modern Psychiatry*. New York : W. W. Norton.（中井久夫・山口　隆／訳，1976『現代精神医学の概念』みすず書房）
竹内常一 1987『子どもの自分くずしと自分つくり』東京大学出版会
竹内敏晴 1983『子どものからだとことば』晶文社

5　青年を取り巻く環境

近藤邦夫 1994『教師と子どもの関係づくり――学校の臨床心理学』東京大学出版会
小川一夫 1955「児童生徒の問題行動に対する教師の態度に関する研究（第1報告）」『島根大学論集』
小川一夫 1956「児童生徒の問題行動に対する教師の態度に関する研究（第2報告）」『島根大学論集』
岡安孝弘・嶋田洋徳・丹羽洋子・森　俊夫・矢富直美 1992「中学生の学校ストレッサーの評価とストレス反応との関係」『心理学研究』63（5）
大塚義孝 1995「スクール・カウンセリングの要請」岡堂哲雄・平尾美生子（編）『スクール・カウンセリングの要請と理念』至文堂
文部省初等中等教育局 1992 学校不適応対策調査研究協力者会議報告「登校拒否（不登校）問題について――児童生徒の「心の居場所」づくりを目指して」
文部省 1997「登校拒否問題への取組について――小学校・中学校編」（生徒指導資料第22集）
文部省 1998「我が国の文教施策（平成10年）　心と体の健康とスポーツ」
清水　敬 1994「生徒指導と校則指導」坂野雄二ほか（編）『生徒指導と学校カウンセリング』ナカニシヤ出版
総務庁青少年対策本部 1996「日本の青少年の生活と意識」
総務庁青少年対策本部 1998「世界の青年との比較からみた日本の青年――第6回世界青年意識調査報告」
竹下由紀子 1972「教師と生徒関係」沢田慶輔（編）『学校教育心理学』東京大学出版会
1990『別冊宝島　111　学校に行かない進学ガイド』宝島社

6　自分さがしと学習活動

梶田叡一 1980『自己意識の心理学』東京大学出版会
河合隼雄 1996『大人になることのむずかしさ――青年期の問題』（子どもと教育）（新装版）岩波書店
松原達也 1999『自分発見「20の私」』東京図書

7　青年文化

安香　宏　1990「総論——現代社会と青少年の行動」『現代の少年非行』（社会精神医学 13巻 1号），星和書店
Coleman, J. S. 1961 *The adolescent sociaty*. Chicago : University of Chicago Press.
Erikson, E. H. 1959 Identity and the life cycle. *Psychological Issues*, Vol. 1, No. 1, New York : IUP. （小此木啓吾／訳編, 1973『自我同一性』誠信書房）
Friedenberg, E. Z. 1959 *The Vanishing Adolescence*. London : Tavistock.
法務省法務総合研究所（編）1998『犯罪白書　平成10年版——少年非行の動向と非行少年の処遇』
門脇厚司　1997「青年文化の性格」加藤隆勝・高木秀明（編）『青年心理学概論』誠信書房
警察庁（編）1998『警察白書　平成10年版』
文部省　1998「学校基本調査」
文部省　1998「我が国の文教施策（平成10年版）心と体の健康とスポーツ」
新田健一　1983「友だち・青年文化」依田　明・安香　宏（編）『青年心理学入門』（改訂版）新曜社
総務庁行政監督局　1998「薬物乱用問題に関するアンケート調査」
総務庁青少年対策本部　1996「青少年の生活と意識に関する基本調査」
総務庁青少年対策本部（編）1998『青少年白書　平成10年版——青少年問題の現状と課題』
総務庁青少年対策本部（編）1998「世界の青年との比較からみた日本の青年——第6回世界青年意識調査報告書」

8　性同一性

アメリカ精神医学会（編）1996『DSM-IV　精神疾患の診断・統計マニュアル』医学書院
東　清和・小倉千加子　1982『性差の発達心理』大日本図書
馬場謙一（編）1994「特別企画：女子高生」『こころの科学』56, 日本評論社
Erikson, E. H. 1968 *Identity : Youth and Crisis*. New York : W. W. Norton. （岩瀬庸理／訳, 1969『主体性——青年と危機』北望社）
深谷和子　1999「女らしさの発達」『教育と医学』7 (1), 慶應大学出版会, 22-29頁
伊藤裕子　1978「性役割の評価に関する研究」『教育心理学研究』26, 1-11頁
長谷川真理子　1999「人間の性差——男と女」『教育と医学』7(1), 慶應大学出版会, 30-37頁
熊本悦明（編）1989「特別企画：性とこころ」『こころの科学』25, 日本評論社
西平直喜・久世敏雄（編）1988『青年心理学ハンドブック』福村出版
落合良行・伊藤裕子・斎藤誠一　1993『青年の心理学』（ベーシック現代心理学　4）有斐閣
総務庁青少年対策本部（編）1999『青少年白書　平成10年度版』
渡邊恵子　1999「『女らしさ・男らしさ』の変遷」『教育と医学』7 (1), 慶應大学出版会
依田　新（監修）1997『新・教育心理学事典』金子書房
柏木惠子（編）1995「女性の発達」『現代のエスプリ』331, 至文堂

9 「自分」「他者」との出会い
茨木のり子 1969『茨木のり子詩集』(現代詩文庫) 思潮社
石田和男 1979『思春期の生きかた――からだとこころの性』(岩波ジュニア新書) 岩波書店
神田橋條治 1988『発想の航跡』岩崎学術出版社
柏木惠子 1983『子どもの「自己」の発達』東京大学出版会
河合隼雄 1983『大人になることのむずかしさ――青年期の問題』岩波書店
康　智善 1998「自我にめざめるころ――男の場合」氏原　寛・菅　佐和子 (編)『思春期のこころとからだ』ミネルヴァ書房
小島亜弓 1997「学習プログラムを生かす――進路探索」渡辺三枝子 (編)『学校に生かすカウンセリング――学びの関係調整とその援助』ナカニシヤ出版
Montemayer, R. & Eisen, M. 1977 The development at self-conceptions from childhood to adolescence. *Developmental Psychology*, 13.
諸富祥彦 1996a『カウンセラーが語るこころの教育の進め方――"生きる意味と目的"を見つけるために』教育開発研究所
諸富祥彦 1996b『カウンセラーが語る自分を変える〈哲学〉――生きるのが"むなしい"人のために』教育開発研究所
村瀬孝雄 1983「思春期の諸相」河合隼雄 (編)『ライフサイクル』(岩波講座精神の科学6) 岩波書店
村瀬孝雄 1996『中学生の心とからだ――思春期の危機をさぐる』岩波書店
越智友子 1998「小牛たちの恋――女の場合」氏原　寛・菅　佐和子 (編)『思春期のこころとからだ』ミネルヴァ書房
佐治守夫 (監修)，岡村達也・加藤美智子・八巻甲一 (編著) 1995『思春期の心理臨床――学校現場に学ぶ「居場所」つくり』日本評論社
立花　隆＋東京大学教養学部立花　隆ゼミ 1998『二十歳のころ――立花ゼミ「調べて書く」共同製作』新潮社
高　史明・岡　百合子 (編) 1976『ぼくは十二歳』筑摩書房
鑪　幹八郎 1998「青年期におけるアイデンティティ――『自分とは何か』を悩む」牛島定信 (編)『こころの科学』82 (特集：自己の心理学) 日本評論社
佃　直毅 1993「進路指導」原野広太郎 (編)『生徒指導・教育相談・進路指導　中・高校用』日本文化科学社
土居健郎 1965『精神分析と精神病理』医学書院
山田ゆかり 1981「青年期における自己概念 (Ⅰ)」『日本教育心理学会第23回発表論文集』

10 大人になるということ
笠原　嘉 1977『青年期』(中公新書) 中央公論社
倉本　聰 1981『北の国から』(前・後編) 理論社
村瀬孝雄 1996『中学生の心とからだ』(新版) (子どもと教育) 岩波書店

小此木啓吾 1979『発達的にみた思春期とその治療』『思春期の精神医学』安田生命社会事業団

11 「問題行動」を通して青年が訴えるものⅠ
青木省三 1998「思春期外来からみえるもの」『こころの科学』78，日本評論社，87-91頁

12 「問題行動」を通して青年が訴えるものⅡ
文部省大臣官房調査統計企画課報告書 1998「学校基本調査（初等中等教育機関，専修学校・各種学校編）　平成10年度』
村瀬嘉代子 1995『子どもと大人の心の架け橋』金剛出版
田嶌誠一 1998「スクールカウンセラーと中学生」『こころの科学』78，日本評論社，67-74頁

13 教師とカウンセラーの違い
河合隼雄 1995『臨床教育学入門』岩波書店
倉光　修 1986「学生相談と学校教育」『京都大学学生懇話室紀要』15，33-38頁
倉光　修 1998「学習者によるテスト問題の自己決定と内発的動機づけ――オーダーメイド・テストなどを試みて」『大阪大学人間科学部紀要』24，141-164頁
倉光　修（編）1998『その活動とネットワーキング』（臨床心理士のスクールカウンセリング　2）誠信書房

14 理解する教師
Bernal, G. & Baker, J. 1980 Multi-level Couple Therapy: applying a metacommunicational framework of couple interaction. *Family Process*, 19, pp. 367-384.
神田橋條治 1990『精神療法面接のコツ』岩崎学術出版社
岡本夏木 1985『ことばと発達』（岩波新書）岩波書店
村瀬嘉代子 1998『心理療法のかんどころ』金剛出版
佐藤紀子 1986『家族内コミュニケーション』勁草書房
Stern, D. N. 1985 *The Interpersonal World of the Infant : A view from Psychoanalysis and Developmental Psychology*. New York : Basic Books.（小此木啓吾・丸田俊彦／監訳，1989『乳児の対人世界（理論編）』岩崎学術出版社）

15 学級集団の力
古川久敬 1988『集団とリーダーシップ』大日本図書
梶田叡一（編）1992『学校教育と子ども』（新・児童心理学講座 13）金子書房
近藤邦夫 1994『教師と子どもの関係づくり――学校の臨床心理学』東京大学出版会
Kounin, J. 1970 *Discipline and group management in classroom*. New York : Holt, Rinehart and Winston.
辰野千寿 1985『教室の心理学』教育出版

【コラム】
文部省（編）1994「学校教育の新しい展開――生きる力をはぐくむ」（我が国の文教施策）

17 外部機関との連携
馬場謙一（編）1995「学校臨床」『現代のエスプリ』330，至文堂
真仁田　昭・原野広太郎・沢崎達夫（編）1995『学校カウンセリング辞典』金子書房
鑪　幹八郎・名島潤慈（編著）1983『心理臨床家の手引き』誠信書房
氏原　寛ほか（共編）1992『心理臨床大事典』培風館

18 成長・変容を支えるさまざまな心理技法 I
神田橋條治 1990『精神療法面接のコツ』岩崎学術出版社
河合隼雄 1975『カウンセリングと人間性』創元社
野島一彦 1992「クライエント中心療法」氏原　寛・小川捷之・東山紘久・村瀬孝雄・山中康裕（編）『心理臨床大辞典』培風館，288-293頁
Sullivan, H. S. 1954. *The Psychiatric Interview*. New York : Norton.（中井久夫ほか／訳，1986『精神医学的面接』みすず書房）
ショストロム，E.（総合司会）（佐治守夫ほか／監修・翻訳）「第1部　来談者中心療法」（1巻）『グロリアと3人のセラピスト』（映像資料：ビデオカセット3巻組）日本・精神技術研究所
滝川一廣 1998「精神療法とは何か」星野　弘・滝川一廣・五味渕隆志・中里　均・伊集院清一・鈴木瑞実・鈴木　茂『治療のテルモピュライ』星和書店，37-39頁

19 成長・変容を支えるさまざまな心理技法 II
Bellack, A. S. & Hersen, M. (eds.) 1985 *Dictionary of Behavior Therapy Techniques*. Oxford : Pergamon Press Inc.（山上雅子／監訳，1987『行動療法事典』岩崎学術出版社）
神田橋條治 1990『精神療法面接のコツ』岩崎学術出版社
中井久夫 1984「思春期における精神病および類似状態」『分裂病』（中井久夫著作集　1）岩崎学術出版社，347-369頁
山上雅子 1992「行動療法」氏原　寛・小川捷之・東山紘久・村瀬孝雄・山中康裕（編）『心理臨床大辞典』培風館，317-322頁

20 青年にとって魅力ある教師
村瀬嘉代子 1996『よみがえる親と子――不登校児とともに』（子どもと教育）岩波書店
村瀬嘉代子 1997「クライエントの側からみた心理療法」『心理療法のかんどころ』金剛出版

索　引

【人名】

あ
アイゼン　Eisen, M.　55
アイゼンク　Eysenck, H.J.　120
青木省三　70
石田加男　57
茨木のり子　59
ウォルピ　Wolpe, J.　120
エリクソン　Erikson, E.H.　45, 48, 54, 63
エリス　Ellis, A.　120
岡　百合子　56
岡本夏木　92
岡安孝弘　3, 29
小川一夫　30, 31
尾木直樹　58
小此木啓吾　63

か
笠原　嘉　63
梶田叡一　96
柏木惠子　56
河合隼雄　57, 117, 118
神田橋條治　58, 88, 90, 116, 122, 123
工藤直子　65
小島亜弓　58
コーニン　Kounin, J.　96
コールマン　Coleman, J.S.　45
近藤邦夫　31, 94

さ
佐治守夫　57
佐藤紀子　89
サリヴァン　Sullivan, H.S.　26, 62, 116, 117
スキナー　Skinner, B.F.　120
スターン　Stern, D.N.　89

た
高　史明　56
滝川一廣　115
竹下由紀子　30
鑪　幹八郎　54
立花　隆　59
田嶌誠一　75
辰野千寿　94
佃　直毅　58
土居健郎　55

な
中井久夫　65, 124
西平　直　6
新田健一　40

は
ハーセン　Hersen, M.　121
バンデューラ　Bundura, A.　120
平木典子　23
深谷和子　52
フリーデンバーグ　Friedenberg, E.Z.　45
古川久敬　95
フロイト　Freud, A.　61
ベック　Beck, S.J.　120
ベラック　Bellack, A.S.　121
ホール　Hall, S.　41

ま
マーラー　Mahler, W.　61
丸岡秀子　131
村瀬嘉代子　24, 25, 77, 90, 127
村瀬孝雄　15, 55, 57, 59, 63
諸富祥彦　58
モンテメイヤー　Montemayer, R.　55

や
山上雅子　120

山田ゆかり　56
山本和郎　101

ら

レヴィン Lewin, K.　61
ロジャーズ Rogers, C.　118, 119

その他

Bernal, G.　89
Baker, J.　89

【事項】

あ

アイデンティティ　14, 30, 45, 65
　　──の確立　34, 58, 63, 64
　　セクシュアル・──　49
RCRT　39
アルバイト　33

いい子　16, 69
異性　51
　　──愛　26
　　──関係　18
　　高校生の──関係　10
　　中学生の──関係　10
依存と独立との葛藤　5
一時的ことば　92
逸脱行動　31
逸脱者　25
異文化接触　42
医療機関　109
インフォーマル構造　95, 96, 98

援助者　116
援助的関係　117

男らしさ・女らしさ　17, 49
大人　35, 60, 64, 65
　　──への反抗　62
親　23
　　──からの独立　24

　　──離れ　5, 57, 61
　　──への批判　25
　　──子関係　18

か

外国語指導助手（ALT）　43
外発的動機づけ　86
カウンセラー　31, 82, 104
　　教師と──の連携　87
　　スクール──　31, 71, 82, 102, 103, 106
カウンセリング　89, 90, 114, 115, 120, 122, 124
　　──・ルーム　84
　　グループ──　84
カウンター・グループ（反対派）　97
学習活動　34
学習塾　32
学生相談　82
学年主任　103
学力評価　85
家族　22, 76, 125
　　──ライフサイクル　22
価値観　62
学級　94
　　──経営　96
　　──集団　94
　　相談──　107
学校
　　──外活動　38
　　──ストレス　29
　　──ストレッサー尺度　3
　　──の相対化　78
学校臨床心理士　106
家庭裁判所　110
加配生徒指導担当教諭　103
関与的観察　117, 123
管理職　103

危機　48
　　──の時代　19
帰国子女教育　43
きまり　29
客観的自己評価　55
キャリア・エデュケーション　13
ギャング集団　18
教育　122

――研究所　32, 108
――センター　32, 108
――相談員　102
国際文化と――　43
教育基本法　100
教員　111
境界人　19
境界例　19
教科学習　36
強化子　120
教師　19, 31, 35, 53, 75, 82, 88, 125, 126
――(環境としての)　30
――(子どもの側から見た)　70
――‐生徒関係　30
――と親との間の不信感　69
――とカウンセラーの連携　87
――の生徒認知の特徴　30
魅力ある――像　126
教職の専門性　106
共同作業　35
教務主任　103
勤労体験学習総合推進事業　28

クライエント　83
グループカウンセリング　84

けいこごと　32, 33
警察　110
形式的操作　17, 54
系統的脱感作法　120, 121
ケースカンファレンス　87
言語的コミュニケーション　116

高校
――受験　6
――中退　11
――での進路選択・職業指導　12
――の序列化　11
高等学校への進学率　28
高校生　8
――の意識調査　9
――の異性関係　10
――の友人関係　9
校則　29
肯定的な関心　90
行動療法　120
校務分掌　101, 103

国際文化と教育　43
心の教育相談員　103
個人差　15
個体化の過程　61
子どものイメージ　68
コラージュ　39
孤立　62

さ

挫折体験　127
サブカルチャー　45
三無主義　45

シェイピング　120, 121
ジェンダー　63
――・アイデンティティ　49
自我
――体験　55
――同一性　54, 63
――の覚醒　54
自己
――臭恐怖　51
――理解　38
客観的――評価　55
思春期　48, 63
自尊心　71
疾風　19, 41
児童自立支援施設　109
児童相談所　52, 109
死と再生の体験　62
自分　54
――さがし　34
社会的性役割　63
醜形恐怖　51
集団の凝集性　95
周辺人　61
塾　33
情緒障害児短期治療施設　109
情動調律　89
職業観　43
職業選択　28
女性性の受容　17
初潮　51
しらけ世代　45
自立　61
進学率　28

心身症　51
人生観　43
身体的症状　51
身体的成熟　16
親友　18, 26
心理技法　114, 120
心理教育　122
心理療法　114, 115
心理臨床専門家　31
進路
　——指導　37
　——選択　6, 30, 58
　——と男であること，女であること　50
　高校での——選択・職業指導　12

スクールカウンセラー　31, 71, 82, 102, 103, 106
　——活用調査研究委託　100, 104
スクール・ソーシャル・ワーカー　100
スチューデント・アパシー　19, 64
ストレス　3

性　63
　——アイデンティティ　49
　——規範　44
　——行動　44
　——差　49
　——的成熟　17, 48
　——同一性　48
　——被害　52
　——役割　17, 44, 49,
　異——　51
　高校生の異——関係　10
　中学生の異——関係　4
　社会的——役割　63
　女性性の受容　17
成熟　59, 65
成人　60
精神科医　102
生徒　83
　——指導　29, 101
　——指導主任　103
　——理解　101
青年　28
　——期　14, 61, 62, 65
　——期の遷延化　19
　——の反抗　25

　——文化　40, 45
世界観　62
セクシュアリティ　52
セクシュアル・アイデンティティ　49
摂食障害　17, 19, 51
絶対評価　85
専門性（教職の）　106

総合的学習　37
相対評価　85
相談学級　107

た

大学への進学率　28
対象喪失　55
対人関係　18
第二次性徴　2, 14, 49, 51, 63
第二の鏡像段階　62
第二反抗期　18, 62
他者　54
　——認知　57
担任への支援　102

チャム（chum）　18, 26, 62
中学生　2
　——という環境　3
　——と秘密　3
　——の異性関係　4
　——の友人関係　4
中年期　24

通過儀礼　19
つなぎ手　77

適応指導教室　31, 107
適性　28
転移感情　104

動機づけ　97
登校刺激　74, 75
同性愛的傾向　26
同調性　41
特別活動　37
怒涛　19

な

内観療法　114
内申書　85
仲間　27

苦手な生徒　91
二次的ことば　92
日本語教育　43

ノン・バーバルなコミュニケーション　88

は

箱庭療法　114
発達加速現象　2, 19
発達課題（思春期・青年期前期の）　7, 8
反抗　17, 40
　　第二——期　18, 62
反社会的行動　66

ピア　27
　　——集団　27
非言語的コミュニケーション　116
非言語的なやりとり　89
非行　66
　　——少年（少女）　25
非社会的行動　72
秘密　15
　　中学生と——　3
評価　85
　　学力——　85
　　客観的自己——　55
　　絶対——　85
　　相対——　85

フォロワー　99
父性の存在　19
不登校　72, 107
フリースクール　32
分離　61

併設心身障害学級担任　103
偏差値　28

ボランティア活動　33

ま

マージナル・グループ（辺縁集団）　97
マジョリティ・グループ（主流派）　97
マニュアル　129

見捨てられた経験　71
魅力ある教師像　126

むずかしい年頃　15

モデル　35, 53, 130
喪の過程　62
モラトリアム　13, 14, 45
森田療法　114
問題行動　7, 66, 72
問題児　87

や

薬物乱用　44

遊戯性　41
友人　22, 27, 62
　　——関係　18, 26
　　中学生の——関係　4
　　高校生の——関係　9

よい子　57
養護教諭　103
養護施設　109

ら

来談者中心カウンセリング　114, 118, 121

理想主義　40
リソース-ルーム・ティーチャー　100
リーダー　98
リーダーシップ　98, 99
利他の姿勢　88
利他の本能　116
流行　41
両親　23

わ

若者
　——言語　41
　——の消費行動　42
　——の情報収集とコミュニケーション　42
　——のパフォーマンス　42
　——文化　40
悪い子　69

執筆者紹介（執筆順。括弧内は担当章，「共」は共同執筆）

笠井孝久（かさい　たかひさ）千葉大学教育学部付属教育実践総合センター准教授（**1, 2, p. 107**）

齋藤憲司（さいとう　けんじ）東京工業大学保健管理センター教授（専任カウンセラー）（**3**）

中釜洋子（なかがま　ひろこ）東京大学大学院教育学研究科教授　（**4**）

田中純夫（たなか　すみお）順天堂大学スポーツ健康科学部准教授（**5, 7**）

三浦香苗（みうら　かなえ）千葉大学名誉教授（**6**）

秋山三左子（あきやま　みさこ）国立精神・神経センター国府台病院児童精神科心理療法士（**8**）

園田雅代（そのだ　まさよ）創価大学教育学部教授（**9**）

菅野信夫（かんの　しのぶ）天理大学大学院臨床人間学研究科教授（**10**）

青木省三（あおき　しょうぞう）川崎医科大学精神科学教室教授（**11共，12共**）

村上伸治（むらかみ　しんじ）川崎医科大学精神科学教室講師（**11共**）

村上博子（むらかみ　ひろこ）川崎医科大学精神科学教室講師（**12共**）

倉光　修（くらみつ　おさむ）東京大学学生相談所・大学院教育学研究科教授（**13**）

森岡正芳（もりおか　まさよし）神戸大学発達科学部教授　（**14**）

卯月研次（うづき　けんじ）大正大学人間学部教授　（**15**）

鵜養美昭（うかい　よしあき）日本女子大学人間社会学部教授（**16**）

伊藤直文（いとう　なおふみ）大正大学人間学部教授　（**17**）

徳田完二（とくだ　かんじ）立命館大学応用人間科学研究科教授（**18, 19**）

村瀬嘉代子（むらせ　かよこ）大正大学名誉教授　（**20**）

編者紹介

村瀬嘉代子（むらせ　かよこ）

奈良女子大学文学部卒。現在，北翔大学大学院教授，大正大学名誉教授，臨床心理士。
著書に『子どもと家族への援助』（金剛出版，1997），『心理療法のかんどころ』（金剛出版，1998），『聴覚障害者の心理臨床』（日本評論社，1999）などがある。

三浦香苗（みうら　かなえ）

東京大学大学院教育学研究科博士課程（教育心理学）単位取得退学。現在，千葉大学名誉教授，学校心理士。
著書に『勉強ができない子』（子どもと教育）（岩波書店，1996），『勉強ぎらいの理解と教育』（編著，新曜社，1999）などがある。

近藤邦夫（こんどう　くにお）

東京大学大学院教育学研究科博士課程（教育心理学）中退。現在，東京大学名誉教授。
著書に，『教師と子どもの関係づくり』（東京大学出版会，1994），『子どもと教師のもつれ』（子どもと教育）（岩波書店，1995），『これからの小学校教師』（共著，大月書店，1997）などがある。

西林克彦（にしばやし　かつひこ）

東京大学大学院教育学研究科博士課程（学校教育）中退。現在，東北福祉大学総合福祉学部教授。
著書に『間違いだらけの学習論』（新曜社，1994），『「わかる」のしくみ』（新曜社，1997），『親子でみつける「わかる」のしくみ』（共編，新曜社，1999）などがある。

新曜社　教員養成のためのテキストシリーズ
第5巻　青年期の課題と支援

| 初版第1刷発行 | 2000年3月10日 |
| 初版第8刷発行 | 2017年4月10日 |

編　者　村瀬嘉代子　三浦香苗
　　　　近藤邦夫　　西林克彦
発行者　塩浦　暲
発行所　株式会社　新曜社
　　　　〒101-0051 東京都千代田区神田神保町3-9
　　　　電話 (03)3264-4973(代)・Fax (03)3239-2958
　　　　E-mail info@shin-yo-sha.co.jp
　　　　URL   http://www.shin-yo-sha.co.jp/
印刷所　明光社
製本所　明光社

©Kayoko Murase, Kanae Miura, Kunio Kondo,
Katsuhiko Nishibayashi, 2000 Printed in Japan
ISBN978-4-7885-0711-1　C1037

■ **教員養成のためのテキストシリーズ**

第1巻　教師をめざす
西林・近藤・三浦・村瀬〈編〉　Ａ５判並製　本体1800円

この「第1巻　教師をめざす」は，新しい「教職に関する科目」のうち，「教職への志向と一体感の形成に関する科目」（2単位）に対応しています。現代というむずかしい社会のなかで，教職はどのような役割を担っているのか，教師としての責任や役割とは何かなどを考えながら，学校教育をめぐる環境や問題を認識し，教師に求められる適性，教職を選択することの意味を考えます。

1部　教育をめぐる状況　①子どもと社会変化／②教育をめぐる環境変化／③競争と平等／④教育言説の視点から教育論を解きほぐす／⑤自らの教育を振り返る
2部　学校という存在　⑥学校というもの／⑦現代日本の教育と学校制度／⑧学校組織／⑨学級制度／⑩地域社会との共生／⑪学級集団／⑫学校像の模索
3部　教師という仕事　⑬教師の一日／⑭指導と懲戒／⑮組織の一員としての教師／⑯子どもを委ねられるということ／⑰教師の成長
4部　教師をめざす人のために　⑱教師になるためのガイド／⑲教職の近接領域／⑳教師をめざす

第2巻　発達と学習の支援
三浦・村瀬・西林・近藤〈編〉　Ａ５判並製　本体1800円

この「第2巻　発達と学習の支援」は，新しい「教職に関する科目」のうち，「幼児，児童及び生徒の心身の発達及び学習の過程」（2単位）に該当します。従来，「教育心理学」「幼児心理学」「児童心理学」「青年心理学」などとして学ばれていた部分です。子どもはどのようなみちすじをたどって発達するのか，学ぶ−教えるという営みはどのようなものなのかを，発達心理学，学習心理学，臨床心理学などの研究成果から考えます。学生が将来，教師として接する子どもは，どのような課題を乗り越えながら成長していくのかを学び，子どもがおかれている家庭状況や文化的背景にも注意を払うことのできる教師としての素地を養います。

1部　教育心理学から見た人間　①発達をめぐる論争／②発達と養育／③家族のなかでの発達／④人間関係の拡大／⑤学校社会での経験／⑥人間の学習の特殊性／⑦感じ方とやる気
2部　発達のすがた　⑧人格発達Ⅰ／⑨人格発達Ⅱ／⑩自分理解／⑪子どもの知的世界の拡大／⑫他者理解
3部　個人差の理解　⑬個性の把握／⑭知性の理解／⑮人格の理解／⑯社会的能力の理解
4部　子どもの理解と支援の手だて　⑰適応と不適応／⑱自分の感じ方と他者の見方／⑲個別的理解と大数的理解／⑳子どもへのさまざまな支援

第3巻　学習指導の方法と技術
西林・三浦・村瀬・近藤〈編〉　Ａ５判並製　本体1800円

この「第3巻　学習指導の方法と技術」は，新しい「教職に関する科目」のうち，「教育の方法及び技術」「特別活動の指導法」に該当します。学習指導の意味・役割，技術を中心に，教育活動全体を通して，教師が学校で教えるということは子どもたちにとって何を意味するのか，子どもたちが価値ある学びをするために，充足感・効力感を得られるために，教師は何ができるのか，ということを考えます。

表示価格は税を含みません。

1部　学ぶということ　①何のために学ぶか／②何を学ぶのか／③どう学ぶのか／④学習のオープンエンド性／⑤学びの楽しさとつらさ
2部　教えるということ　⑥教えることの社会的意味／⑦学習指導観の変遷／⑧教師の役割／⑨子ども理解／⑩学級経営／⑪学習集団の組織化／⑫学校での集団活動
3部　学習指導と学習評価　⑬教授技術／⑭学習指導の過程／⑮教科指導の実際／⑯体験を重視した学習支援の実際／⑰学習評価の方法
4部　教育と環境　⑱情報化時代と教育／⑲異文化とふれあう／⑳学習を保証する環境

第4巻　児童期の課題と支援　近藤・西林・村瀬・三浦〈編〉　Ａ５判並製　本体1800円

この「第4巻　児童期の課題と支援」は，新しい「教職に関する科目」のうち，「生徒指導，教育相談，進路指導等に関する科目」（4単位）に該当します。小学生が学校・家庭・社会のなかでどのような問題にぶつかっているのか，典型的な課題を取り上げ，その支援法について考えます。
なお，本シリーズ5巻では，4巻とほぼ同じ構成のもとで，中学生・高校生を対象としています。

1部　小学生という時期　①小学生の現在／②小学生期の発達の諸側面
2部　小学生の成長と環境　③家族と友人／④環境としての学校／⑤子ども文化／⑥学びと体験
3部　成長の節目としての危機　⑦帰属集団としての同性友人集団／⑧性的成熟の開始／⑨甘えと独立のはざまで／⑩問題行動を通して子どもが訴えるものⅠ／⑪問題行動を通して子どもが訴えるものⅡ
4部　子どもの成長と変容への支援　⑫モデルとしての教師／⑬教師の働きかけの特徴／⑭学級集団づくり／⑮学校内での支援体制／⑯外部の関連機関との連携／⑰発達を保証する補償・治療教育／⑱成長・変容を支えるさまざまな心理技法Ⅰ／⑲成長・変容を支えるさまざまな心理技法Ⅱ／⑳子どもの成長・変容をうながす心理教育

第5巻　青年期の課題と支援　村瀬・三浦・近藤・西林〈編〉　Ａ５判並製　本体1800円

この「第5巻　青年期の課題と支援」は，新しい「教職に関する科目」のうち，「生徒指導，教育相談，進路指導等に関する科目」（4単位）に該当します。中学生・高校生たちが学校・家庭・社会のなかでどのような問題にぶつかっているのかを多面的に見ていきます。青年期の子どもたちは，学校以外にも自分の存在する場所をもち始め，そこでの問題も重要性を増してくることを考慮して，教師としての支援の方法を考えます。
なお，本シリーズ4巻では，5巻とほぼ同じ構成のもとで，小学生を対象としています。

1部　中学生・高校生という時期　①中学生という時期／②高校生という時期／③青年期の発達の特徴
2部　青年の成長と環境　④友人と家族／⑤青年を取り巻く環境／⑥自分さがしと学習活動／⑦青年文化
3部　成長の節目としての危機　⑧性同一性／⑨「自分」「他者」との出会い／⑩大人になるということ／⑪問題行動を通して青年が訴えるものⅠ／⑫問題行動を通して青年が訴えるものⅡ
4部　青年の成長と変容への支援　⑬教師とカウンセラーの違い／⑭理解する教師／⑮学級集団の力／⑯学校内での支援体制／⑰外部機関との連携／⑱成長・変容を支えるさまざまな心理技法Ⅰ／⑲成長・変容を支えるさまざまな心理技法Ⅱ／⑳青年にとって魅力ある教師

■ 新曜社の本

親子でみつける「わかる」のしくみ
アッ！　そうなんだ!!
西林克彦・水田まり編
四六判並製
本体1800円

身の回りには「わかった！」という体験を導いてくれるキッカケがたくさん潜んでいる。新しいものの見方で学習を楽しむための方法・道筋を，物語風に具体的に紹介。

勉強ぎらいの理解と教育
三浦香苗編
四六判並製
本体2200円

勉強ぎらいの子や勉強のできない子も，その理由と状況を正しく理解し，その理解に沿った導き方で大きく学習の可能性を伸ばすことができる。学習不適応の問題をさまざまな事例を取り上げて解説。

「わかる」のしくみ
「わかったつもり」からの脱出
西林克彦
四六判並製
本体1800円

わかったつもりが真の理解を妨げ，しばしば学習挫折の原因となる。主として文章理解に関わる誤解の実例を豊富にあげて「わかったつもり」から本当の「わかる」に至る道筋を説く。

間違いだらけの学習論
なぜ勉強が身につかないか
西林克彦
四六判並製
本体1800円

なぜ歴史年表，三角関数，英単語も受験を過ぎればすっかり忘れてしまうのか。学習の仕方のどこがいけないのか。効果的に学習して血のかよった知識を獲得する方法を，認知心理学の視点から提言。

続・教育言説をどう読むか
教育を語ることばから教育を問いなおす
今津孝次郎・樋田大二郎編
四六判並製
本体2700円

教育改革の大きな流れのなかで，あらためて教育を語る言葉の交通整理を提唱し，現代教育を問いなおす。不登校，いじめ，ゆとり教育と学力低下，少年犯罪など，教育問題を論じる際には必読の書。

「生きる力」を育む授業
いま，教育改革に問われるもの
武田　忠
四六判並製
本体2500円

子どもの学力低下への取り組みは，子どもたちが自ら「問い」をいだき，分かりたいテーマと教材を用意し，授業に取り組むことからしか始まらない。その真実を自身の実践を通して証明した，気迫の書。

スクール・カウンセリング
学校心理臨床の実際
岡堂哲雄編
A5判並製
本体2400円

養成が急がれているスクールカウンセラーのための最新のテキスト。学校という場のもつ独自性という観点から，個々の問題行動に対するカウンセリングのあり方・進め方を説く。

新版　心理臨床入門
臨床心理士をめざす人のために
岡堂哲雄編
A5判並製
本体2200円

カウンセリング・臨床心理学の基本的方法についての包括的でわかりやすい入門書。心理臨床士制度導入後の動きと学問の進展に沿って書かれており，臨床心理士をめざす人の最初の一冊として好適。

表示価格は税を含みません。